氮化钒铁短流程制备原理及技术

张国华　著

北　京
冶　金　工　业　出　版　社
2024

内 容 提 要

本书共分 7 章，主要内容包括概论、碳热还原氮化法制备氮化钒铁、两步碳热还原氮化法制备氮化钒铁、铁高温过程作用机理分析、碳高温过程反应行为分析、CO 气基还原 V_2O_5 基础分析、氨气还原氮化法制备氮化钒铁。

本书可供冶金企业和科研院所有关工程技术人员和科研人员阅读，也可供高等院校相关专业师生参考。

图书在版编目（CIP）数据

氮化钒铁短流程制备原理及技术 / 张国华著 . 北京 : 冶金工业出版社，2024. 12. --ISBN 978-7-5024-9790-3

Ⅰ. TF646

中国国家版本馆 CIP 数据核字第 2024DF4408 号

氮化钒铁短流程制备原理及技术

出版发行	冶金工业出版社	**电　　话**	(010)64027926
地　　址	北京市东城区嵩祝院北巷 39 号	**邮　　编**	100009
网　　址	www.mip1953.com	**电子信箱**	service@mip1953.com

责任编辑　刘林烨　美术编辑　吕欣童　版式设计　郑小利

责任校对　李欣雨　责任印制　禹　蕊

北京捷迅佳彩印刷有限公司印刷

2024 年 12 月第 1 版，2024 年 12 月第 1 次印刷

710mm×1000mm　1/16；9.5 印张；161 千字；141 页

定价 99.00 元

投稿电话　(010)64027932　投稿信箱　tougao@cnmip.com.cn

营销中心电话　(010)64044283

冶金工业出版社天猫旗舰店　yjgycbs.tmall.com

（本书如有印装质量问题，本社营销中心负责退换）

前言

钒作为一种有色金属，在钢铁、石油、能源、环保、化工和建筑等行业中扮演着十分重要的角色，其中冶金是钒使用量最多的领域，据分析，钒在钢铁工业中的消耗量占其总产量的85%~90%。目前，钒主要应用于微合金化结构钢及合金钢的冶炼。钒能够细化钢的组织和晶粒，提高钢的强度、韧性、抗腐蚀能力、耐磨性和抗冲击性能等综合性能。另外，冶炼含钒钢种时，适量加入氮可以促进固溶在钢中的钒析出，减少冶炼时钒的加入量，充分发挥钒的冶金作用，显著提高钢的力学性能。当前钢铁企业在冶炼过程中，主要通过添加含钒炼钢添加剂来冶炼钒微合金化结构钢及合金钢等含钒钢种。含钒炼钢添加剂主要有钒铁、钒氮合金和氮化钒铁，氮化钒铁因为具有高密度、低氧、低碳、高氮含量等优势，是最优质的含钒炼钢添加剂，因此开发优质氮化钒铁的短流程、低成本制备工艺，对提高钒在钢中的强化效果以冶炼高性能含钒钢种具有重要作用。

氮化钒铁的制备方法主要有固态渗氮法、液态渗氮法和高压自蔓延合成法，其中固态渗氮法和液态渗氮法因为产品的氮含量低，成分不均匀，基本已被淘汰。目前工业应用的是高压自蔓延合成法，由于采用的是钒铁粉作为钒源，相比于直接使用钒氧化物，其工艺成本高，流程长，而且该方法制备的产品也存在成分不均匀的问题。

为提高氮化钒铁品质，降低生产成本，进而满足钢铁企业对含钒炼钢添加剂的需求，本书介绍了一步碳热还原氮化法制备氮化钒铁工艺。以氧化钒为钒源，铁氧化物为铁源，成功制备了各项指标优异的氮化钒铁。同时，从冶金动力学和热力学角度，深入地研究了碳热还原氮化过程中铁、碳和CO的作用机理，为碳热还原氮化法制备氮化钒铁工艺提供科学技术指导。除此之外，针对一步碳热还原氮化法制备氮化钒铁工艺的缺陷，进一步发展了两步碳热还原氮化法制备氮化钒铁的新工艺。最后，对氨气作为还原剂和氮源制备氮化钒铁的工艺过程进行了探讨和研究。

本书为作者在氮化钒铁领域多年的研究成果总结，于泓森对本书提供了大量帮助，同时吴跃东、周英聪、徐瑞对本书做出了贡献，在此一并表示感谢。

希望本书的出版，能使相关领域的研究者或技术人员对氮化钒铁的制备过程有系统、更新的认识，进而为我国钒行业的发展尽绵薄之力。

由于作者水平所限，书中不妥之处，敬请广大读者批评指正。

作　者

2024年8月

目　录

1 概　论

钒（V）在地壳中含量较为丰富，按照地壳中的元素丰度来说它排在第12位，相比Cu、Ni、Zn、Cr和Mo元素它的含量更多。同时，因为钒和氧的亲和力比较强，所以地壳中钒一般以钒的氧化物存在[1-2]。钒金属及其相关化合物、合金等材料皆具有非常优异的性能，在钢铁、石油、能源、环保、化工和建筑等行业中扮演十分重要的角色。

19世纪前，钒元素一直未被人们发现。直到1801年，墨西哥著名的矿物学家德尔·里奥（Del Rio A M）研究基马潘铅矿时，首次发现了一种化学性质与铬类似的新元素，由于其在酸中加热时呈现红色，故被称为赤元素。1830年，瑞典著名化学家塞弗斯托姆（Sefstrom N G）在冶炼生铁时成功地分离出一种新元素，由于其化合物的颜色绚丽，便以Vanadis的名字为其命名为钒（Vanadium）。同年，德国化学家沃勒尔（Wohler F）经过一系列实验，证实了早期德尔·里奥发现的赤元素即为Sefstrom N G分离出的钒元素。1867年，英国著名的化学家娄斯科（Roscoe H E）以氢气还原三氯化钒（VCl_3），首次制备得到钒金属；此外，他还在研究英国西部的铜矿时，成功地制备了V_2O_5、V_2O_3、$VOCl_3$、$VOCl_2$、VOCl等钒的化合物，并详细地研究了它们的相关物理化学性质。1882年，列克鲁佐特钢铁公司成功地从含钒（质量分数）约为1.1%的炼钢炉渣中提取出钒的磷酸盐[3-5]。

19世纪末，国外研究者发现钒的加入能够显著改善钢材的力学性能，钒自此在冶金工业上得到广泛的应用，占到了其资源利用的85%以上。目前，钒主要应用于微合金化结构钢以及合金钢的冶炼。钒能够细化钢的组织和晶粒，提高晶粒粗化的温度，提高钢的强度、韧性、抗腐蚀能力、耐磨性和抗冲击性能等综合性能。另外，冶炼含钒钢种时，适量加入氮，可以促进固溶在钢中的钒析出，减少冶炼时钒的加入量，充分发挥钒的冶金作用，显著提高钢的力学性能。目前钢铁企业在冶炼过程中，主要是通过添加含钒炼钢添加剂来冶炼钒微合金化结构钢以及合金钢等含钒钢种，因此开发优质的含钒炼钢添加剂，并尽可能地提高钒在钢中的强化作用，对高性能含钒钢种的冶炼是至关重要的。

目前，最常见的含钒炼钢添加剂为钒铁、氮化钒和氮化钒铁。氮化钒铁具有氮化钒与钒铁的双重优点，即氮钒比高，具有较强的细化组织、晶粒和强化析出能力，钒、氮元素收得率高于钒铁和氮化钒；碳、氧等杂质元素含量低；密度较高，比常规氮化钒高一倍，钒损失小。

然而近些年，国内外学者围绕氮化钒铁合金的冶炼技术的相关研究极少。传统上氮化钒铁的冶炼途径有固态渗氮法和液态渗氮法，但是由于冶炼效率较低，产品氮含量不高且效益差，这两种方法基本已被淘汰。目前，市面上的氮化钒铁主要利用高压自蔓延合成法制备。该方法以钒铁为原料，而钒铁是通过电硅热或者铝热还原 V_2O_5 得到的，导致成本较高。同时在制备钒铁的过程中，会有一定量的硅或者铝被带到钒铁中，并且自蔓延渗氮过程时间很短，产品表面的氮含量高于内部，成分不均匀。

综上所述，有必要提出新型的氮化钒铁制备方法，以提高氮化钒铁品质，降低生产成本，进而满足钢铁企业对含钒炼钢添加剂的需求。

1.1 钒及其主要化合物

1.1.1 钒的性质

钒属于元素周期表的第五副族，原子序数为 23，具有体心立方晶格结构，晶体常数为 0.30240 nm，原子半径为 0.13112 nm。

1.1.1.1 钒的物理性质[4-8]

钒的熔点较高，在金属单质里与同一副族的铌和钽一样，属于高熔点的难熔金属，该元素在地壳中含量（质量分数）为 0.02%，致密的钒金属块体的外观呈银灰色。钒的密度介于钛和铁之间，热传导性与铁类似。钒的线膨胀系数低，约为一般钢质材料的 1/2，较低的线膨胀系数会使钒材在高温条件下稳定，不易于出现裂纹。钒是电的不良导体，其电导率仅仅为铜的十分之一，在电气方面的使用较少。

1.1.1.2 钒的化学性质[8-11]

钒原子具有五个价电子，其结构为 $3d^34s^2$，常见的电子价态为+2、+3、+4

和+5，对应的离子半径分别为 0.109 nm、0.092 nm、0.077 nm、0.067 nm 和 0.059 nm，可分别生成对应多种价态的化合物，其中以+5 价钒的化合物最为稳定。

常温下金属钒的化学性质比较稳定，不与空气、水、稀酸和碱反应，但是在空气中加热时，钒单质被逐级氧化，先是被氧化成棕黑色的 V_2O_3，其次转变成蓝色的 VO_2，最终形成稳定的红棕色 V_2O_5。

钒在 453 K 的温度下能够与氯气发生氯化反应形成四氯化钒；当温度超过 1073 K 时，钒能被氮化形成稳定的 VN 相；钒与碳在 1273 K 左右时可以发生碳化反应生成碳化钒；当反应温度为 623 K 时，钒能够吸氢形成氢化物，但温度过高时，氢在钒中的饱和溶解度降低，在真空条件下，氢化物会发生脱氢反应；在惰性气氛或者真空条件下，钒可以与硅、硼、磷或者砷反应形成对应的硅化物、硼化物、磷化物和砷化物。

此外，钒的耐腐蚀性能极高，不仅能够抵抗海水的侵蚀，还可以抵抗碱性溶液和浓度较低的酸性溶液的侵蚀。金属钒只能被强酸溶解，例如氢氟酸、浓硫酸、硝酸、磷酸以及王水等。

1.1.1.3 钒的力学性能[7-9]

钒具有良好的延展性和可锻性。常温下可制作成片、箔，甚至可以拉成丝，其硬度较高，无磁性。钒的力学性能取决于其金属纯度，杂质元素的引入，尤其是碳、氮、氧和氢等间隙元素，会提高其硬度和脆性，但塑性会大幅降低。

1.1.2 钒的主要化合物

1.1.2.1 氧化物

钒能生成一系列氧化物，比如五氧化二钒（V_2O_5）、三氧化二钒（V_2O_3）、二氧化钒（VO_2）和一氧化钒（VO），但是最稳定的是五氧化二钒和三氧化二钒。如图 1-1 所示[12]，由 V-O 二元相可知，除了上述常见氧化物，钒还能形成若干中间氧化物，比如 V_3O_5、V_4O_7、V_5O_9、V_6O_{11}、V_7O_{13}等，这些钒氧化物可以统一用 V_nO_{2n-1}（$3 \leqslant n \leqslant 9$）来表示。从图 1-1 中可以看到，在 973 K 时，V_3O_5 和 V_6O_{11}均极不稳定，会发生分解反应；在 V_8O_{15}至 VO_2 之间的钒氧化物，均属金红石型正方晶系，都是非化学计量化合物；另外 V_3O_5 是非化学计量化合物，

和 V_2O_3 具有相同的晶体结构[10]。

五氧化二钒（V_2O_5）[6-7]是钒最重要的氧化物，是制取许多钒化合物的最基本原料，其可直接作为制备硫酸中的催化剂和化工工业中设备的缓蚀剂。五氧化二钒无味、无嗅，具有毒性，熔点约为 943 K，密度为（3.252～3.336）$\times 10^3$ kg/m^3，在水中的溶解度不大，质量浓度约为 0.07 g/L。它有无定形态和结晶态两种形态。无定形态是一种橙黄色或砖红色的粉末，随制备方法和条件的不同而不同，钒酸铵分解得到的 V_2O_5 一般是无定形态；结晶态的呈紫红色，这种 V_2O_5 主要是通过加热使其熔化成液相，再冷却凝固结晶形成的[7]。V_2O_5 是一种两性氧化物，既可溶于强碱，也可溶于强酸，且其在水中呈弱酸性。

目前，工业上主要以含钒铁矿石冶炼所得的富钒炉渣、页岩矿和钒钛磁铁矿为原料经过一系列湿法处理来制取 V_2O_5，其中富钒炉渣的提取工艺有钒渣钠盐焙烧提钒工艺、钒渣钙盐焙烧提钒工艺、钠化钒渣提钒、钢渣钒渣酸浸提钒以及硫化提钒工艺[13-15]。

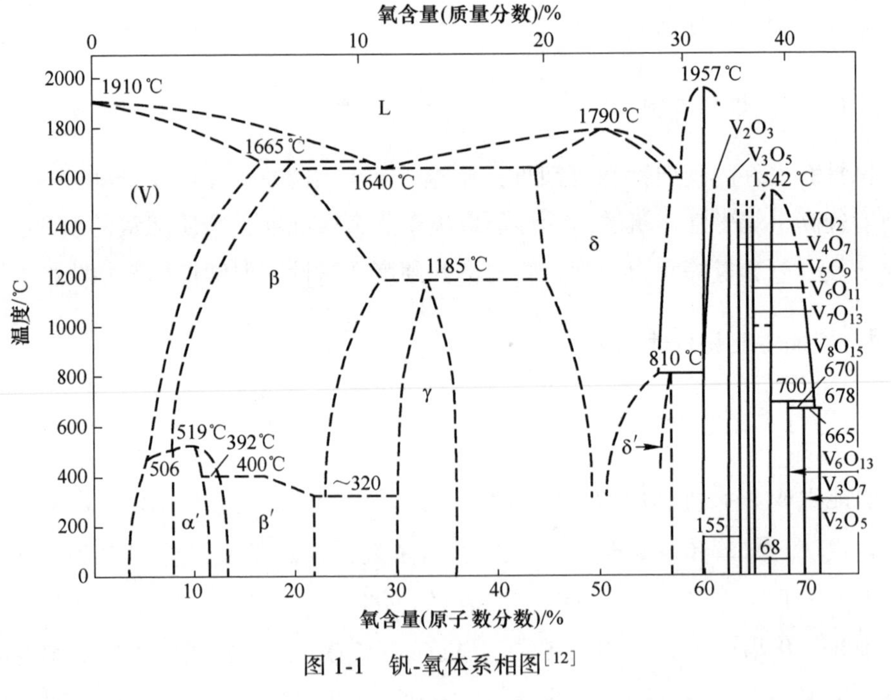

图 1-1　钒-氧体系相图[12]

三氧化二钒（V_2O_3）是一种灰黑色粉末，熔点较高，约为 2243 K。它是碱性氧化物，不溶于水，但溶于硝酸、氢氟酸和热水。V_2O_3 还原性较强，若放置在空气中，会被缓慢氧化成为高价态的 V_2O_4；在空气中加热时，会猛烈地燃烧[16-17]。

V_2O_3 是过渡金属氧化物，其最大的特征便是在低温下会发生金属-非金属相变（Metal Insulator Phase Transition），从而使其电学、光学和磁学性质发生快速变化。V_2O_3 具有单斜结构，当温度低于 150 K，其处于电绝缘状态，而当温度高于 150 K 时，晶体结构从单斜晶系变为菱形（刚玉型），其电导率大幅增加（约七个数量级）。在 440 K 附近，它还会发生从金属态转变成半导体状态的二阶相变[18-20]。更重要的是，可以通过掺杂过渡金属，如 Cr、Al、Mo、In、Ga 或 Re 等元素，来控制相变温度（T_c），使其接近室温[21-22]。

考虑到电学、光学和磁学性质的可逆突变，V_2O_3 已广泛应用于各种工业领域，如温度传感器、光学器件、催化剂和锂电池正极材料[21,23-24]。目前，工业上的主要制取方法是用 H_2、CO、天然气、煤气等还原性气体还原 V_2O_5 或 NH_4VO_3。此外，许多新技术也被用于制备 V_2O_3。比如 Zhang 等人通过水热分解 VOC_2O_4 溶液制备了具有较大比表面积的 V_2O_3 粉末[25]；Blagojevic 等人报道 V_2O_3 纳米晶体可以以肼为还原剂水热还原 $VO(OH)_2$ 来合成[26]；Kittaka 等人研究了在 2273 K 下，将 V_2O_3 在 O_2-H_2 火焰熔融合成球形 V_2O_3 颗粒[27]；Bai 等人在 493 K 下，用 $N_4H_4 \cdot H_2O$ 水热还原 $VO(acac)_2$ 前驱体制备 V_2O_3 微晶[28]；在 873~2273 K 的温度范围内，V_2O_3 粉末也通过 V_2O_5 的真空热分解来生产[29-30]；此外，研究者们还提出了其他一些方法，如激光诱导气相反应和热解含肼钒盐[31-32]。

二氧化钒（VO_2）[33-40]为深蓝色晶体粉末，是一种两性氧化物，既溶于酸也溶于碱。VO_2 是钒氧化物中研究最多的一种物质，主要用于各种光电器件，包括超快纳米电子开关和晶体管，这是因为其与 V_2O_3 一样，具有金属-非金属相变（MIPT）。当材料发生相变时，其电学和光学性质快速变化；当温度低于临界点，材料会突然发生从金属性质转变到非金属性质，同时还伴随着晶体在纳秒级时间范围内向对称形式较低的结构转变；更重要的是，它的临界温度点为 340 K，接近于室温，具有较大的应用潜力，被认为是最有可能广泛应用的材料之一。

目前，工业上主要是通过 V_2O_5 和草酸共熔进行温和的还原反应来制备的。此外，很多学者也提出一些 VO_2 粉末的新制备方法[41-49]。例如 Mjejri 等人提出 VO_2 粉末可以通过乙烯乙酸乙二醇酯（VEG）前驱体在 773 K 下真空分解

2 h得到[42]。斯坦利等人在 1013 K 下，利用 H_2-N_2 气氛分解 $VOSO_4 \cdot 3H_2O$ 直接制备 VO_2[43]。Tsang 等人报道 KBH_4 可用于还原 K_3VO_4 溶液以合成 VO_2 纳米粉末[44]。

1.1.2.2 碳化物

碳化钒属于间隙相化合物，在 V-C 体系中，稳定相有 VC 和 V_2C 两种化合物，均是非化学计量化合物。

VC 理论含碳量（质量分数）为 19.1%，熔点为 3107 K，是面心立方晶体结构（FCC），属于空间群 P4332，其中钒原子占据点阵的顶角，碳原子占据八面体间隙，形成 NaCl 型晶体结构。若钒原子占据体心立方（BCC）或密排六方（HCP），而碳原子占据四面体间隙，则会形成闪锌矿结构，V_2C 便属于密排六方结构，其理论含碳量为 10.6%。V_2C 在 2123 K 下会发生高温分解。另外，由于碳的有序缺位，碳化钒还有 V_4C_3、V_6C_5、V_8C_7 等物相[50-52]。

碳化钒中的结合键是混合型的，其中钒原子之间是通过电子形成的金属键，而钒与碳原子之间则通过过渡金属电子和准金属电子之间形成的八面体共价键。金属键强度决定了它的金属光泽和导电性等性能，共价键则决定它的高熔点、高硬度和脆性。Lipatnikov 等人通过研究发现，结构越有序，材料硬度和导电性越高[53]。

碳化钒熔点高，硬度极高（即便是在高温条件下强度依旧很高），还具有良好的导电性和导热性等[54-57]。考虑到这些优异的性能，碳化钒已广泛应用于冶金、电子、催化剂等许多领域[58]。碳化钒主要通过各种高温反应来制备[59-60]，例如 V_2O_3 或 V_2O_5 的碳热还原法，单质钒和碳的真空碳化法及化学气相沉积法。近年来，研究者们又开发出一些新方法合成碳化钒粉末，包括机械合金化[57]、程序升温反应[61-65]、气体还原-渗碳法[66-68]。例如 Kapoor 和 Oyama 通过用 CH_4/H_2 混合气体气化渗碳氧化钒制成超细碳化钒粉末[61]。

1.1.2.3 氮化物

V-N 系化合物中研究最多的是稳定的 VN 相，也是在工业中应用最多的化合物。氮化钒广泛的应用不仅仅是由于它良好的化学稳定性，还因为它具有许多优异的性能，比如高硬度、高熔点、高温稳定性、较好的力学性能等。目前，氮化钒最主要应用在冶金领域作为炼钢添加剂，以冶炼含钒微合金钢；其次，其可作为切削工具、磨具、催化剂和结构材料等[69-74]。

与 VC 类似，VN 属于面心立方结构晶型，具有典型的 NaCl 型结构。氮化钒为间隙化合物，原子之间的结合为共价键、金属键及离子键的混合键，其中金属原子间存在金属键，即氮化钒既具有共价化合物特点又有离子化合物特性[75-76]，V-N 二元系相图[77]如图 1-2 所示。从图 1-2 中可以看出，氮化钒是在一定范围内变动的非计量间隙化合物，其化学组成为 $VN_{0.72}$ ~ $VN_{1.0}$，其氮含量可在一定区域内波动而不含引起氮化钒本身结构的改变。当氮含量低时，氮化钒是氮缺位固溶体，此时氮化钒表现为金属性质；当氮含量高时，氮化钒是钒缺位固溶体，此时氮化钒更多表现为共价化合物性质。此外，从图 1-2 中还可以看出，V-N 体系还存在一个较宽的均相区，即 V_2N。它和 VN 均为非化学计量化合物，具有六方晶格结构，单相区为 $VN_{0.37}$ ~ $VN_{0.43}$，晶格常数 a = 0.491 nm，c = 0.455 nm。

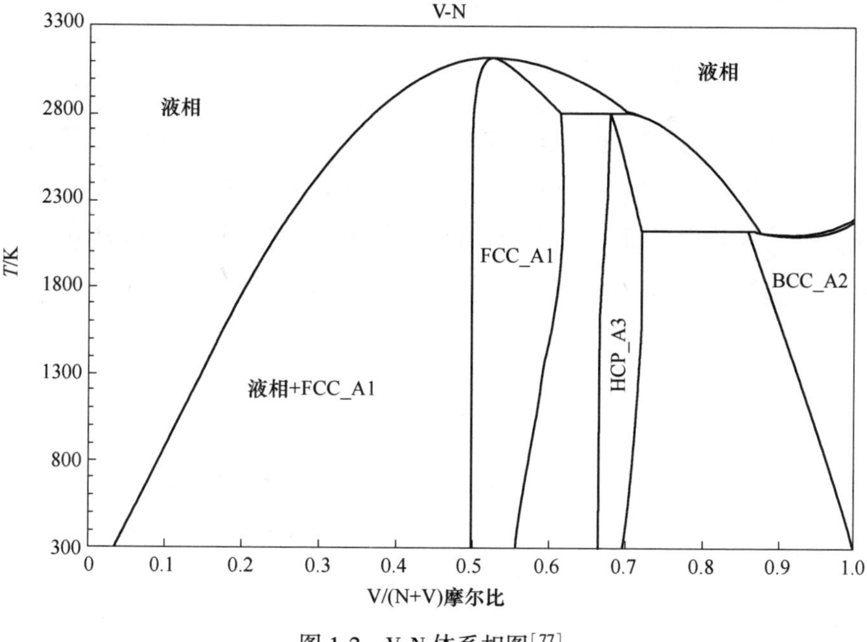

图 1-2 V-N 体系相图[77]

1.1.2.4 氢化物

钒能和氢结合，形成不同的物相，如 V_2H、V_3H_2、VH、VH_2 等。钒的氢化物稳定性和温度有很大关系，当温度升高时，氢化物变得不稳定，容易分解释放出 H_2，因此可以作为一种潜在的储氢材料。

钒的氢化物从晶体结构来说是 BBC 结构，氢能存在于其中两个位置：一个是六配位的八面体晶格间隙；另外一个是四配位的四面体晶格间隙。吸氢是氢原子进入四面体晶格间隙比较多，其中理论氢含量（质量分数）为 3.8%，相比于 AB_5 型储氢合金的 1.4%，AB 型储氢合金的 1.86%，其大容量的吸氢能力，在实际应用中具有非常大的优势[78-79]。

1.1.3 钒系材料的用途

钒是我国重要的战略资源，是“现代工业的味精”，是发展现代工业、国防和科学技术不可或缺的重要材料。钒的应用领域主要有冶金、航天、电子、电池、化学、陶瓷等行业，皆有着广泛的应用和良好的前景。目前，世界上钒系材料主要包括 V_2O_5、VO_2、V_2O_3 等化合物产品以及钒铁、氮化钒、钒铝合金、氮化钒铁等合金。

1.1.3.1 冶金领域的应用[80-82]

钒最重要的应用领域便是冶金领域，其主要是以合金添加剂的形式加入钢中进行钒微合金化，进而提高钢种的综合性能。钒的主要作用是能够促进钢中的晶粒细化和沉淀强化，从而提高钢的韧性、强度、耐腐蚀性、耐磨性和抗热疲劳性，并使其具备良好的可焊接性能。目前含钒添加剂的形式主要有三种，分别为钒铁、氮化钒和氮化钒铁。

1.1.3.2 化工领域的应用

钒的另一个重要用途是作为化工催化剂，钒系催化剂主要包括 V_2O_5、NH_4VO_3、$VOCl_3$、VN 和 VCl_4，其中最常见的活性组分是含一种或几种添加物的 V_2O_5，以 V_2O_5 为主要成分的催化剂几乎对所有的氧化反应都有效。钒系催化剂在现代化工工业中扮演一个十分重要的作用，是硫酸工业、橡胶合成、石油裂解和合成高分子化合物的特效催化剂[7-8]。目前，钒系催化剂在化工工业上应用最多的流程是制硫酸、烟气脱硫及烟气脱硝流程，例如 V_2O_5 可以用作催化剂，催化 SO_2 氧化为 SO_3，以生产硫酸。此外，VN 具有与铂系金属催化剂类似的催化特性，如高催化活性、高选择性、良好的稳定性和抗中毒性能，具有成为贵金属材料催化剂的代替品的潜力。目前，许多研究者发现其能作为合成与分解催化剂、脱氢催化剂、加氢催化剂、加氢脱硫催化剂、加氢脱氮催化剂、加氢脱氧的催化剂[83-86]。

1.1.3.3 航空领域的应用[4]

钒可以作为钛合金中的稳定剂和强化剂。钒的加入可以提高合金的延展性和可塑性，通常钒是以钒铝合金的形式加入钛合金中。这种含钒钛合金主要应用于航空领域生产航天零件，如喷气式发动机、高速飞行器骨架和火箭发动机机壳。据统计，美国每年8%（质量分数）的钒消耗是用于生产航天领域的钒-钛-铝合金。

1.1.3.4 光学领域的应用

二氧化钒（VO_2）能够在常温条件下发生金属-非金属物相转变，进而产生对红外光由透射向反射的可逆转变。根据这一光学性质变化，VO_2 可应用于太阳能控制材料、红外辐射测温计、红外光学调制材料、可变反射镜、光盘介质材料[37-38]。

掺杂 Eu^{3+}离子的钒酸盐 $LnVO_4$，Eu^{3+}可以作为照明使用的荧光灯和各种特殊光源。通过调节阳离子的成分和含量，使其发出不同波长的光。目前，其主要制作各种电致发光平板、数字、符号和图像显示器等，也可用于发光橡胶、发光涂料、发光塑料等产品[4]。

1.1.3.5 其他领域的应用

钒酸铋（$BiVO_4$）具有良好的颜料性能，制成的颜料在涂料领域应用广泛，目前主要用于塑料、橡胶、陶瓷、油漆、建筑涂料等方面，其被视为含铬和镉颜料的替代者。无论是在水性涂料还是油性涂料里面，钒酸铋都具有极好的分散性，其能够抵抗 573 K 高温，是一种耐高温且环保颜料。此外，它还是一种光催化剂，能够吸收空气中部分的紫外光线，并分解空气中大部分的有害无机物，起到净化空气和预防紫外线的作用[87]。

钒也可用于电池行业[88-89]。全钒蓄能电池是 21 世纪初开发的新型含钒电池，是目前发展势头最强劲的绿色环保蓄电池之一，其采用 $VOSO_4$ 作为电解液，石墨为电极。这种全钒蓄能电池具有使用寿命较长，充放电性能好，自放电低，能源效率高，启动速率快和电池部件廉价等优势，具有极其良好的应用前景。

氮化钒（VN）是一种良好的陶瓷材料，具有极高的硬度和较高的熔点。由 VN 制成的涂层硬度极高，能大幅提高工件表面性能，用作涂层材料。此外，VN 的耐磨性能也不错，细颗粒氮化钒粉体制成的镀层可以改善材料表面韧性[90-94]。

1.2 钒在钢铁中的应用

微合金钢的发展和应用被认为是钢铁工业 20 世纪物理冶金领域最突出的成就。通过添加微量的金属元素，如钒、钛、铌、钼等，可使普通铁-碳钢的性能成倍提高，显著提高钢的强韧性，其中钒微合金钢是微合金钢中最典型的钢种。据相关统计，钒在钢铁工业中的消耗量占其总产量的 85%～90%，这一占比足以说明钒在钢铁领域的重要性。下面将重点介绍钒在钢铁中的作用和应用。

1.2.1 钒在钢中的作用

钢中加入微量的钒，可以细化钢的组织和晶粒，提高晶粒粗化的温度，显著改善钢的性能，提高钢的强度、韧性、抗腐蚀能力、耐磨性、抗冲击性能等综合性能。钒之所以能用于钢铁，是因为钒具有较高的溶解度，极容易固溶在钢中，在高温奥氏体区基本处于固溶状态，能与钢铁中的碳和氮元素生成稳定的碳氮化物，而且由于既可在 $\gamma\rightarrow\alpha$ 相变过程中的相间析出，又可在铁素体中随机析出，钒在高强度低合金钢中得到了广泛的应用。下面分别从三个角度详细介绍钒在钢中的作用[4,95-102]。

1.2.1.1 钒对钢的组织作用

在高温下，钒在铁液中具有较高的溶解度，能和铁形成连续的固溶体，缩小了奥氏体相区；由于钒和碳、氮等非金属元素之间具有极强的亲和力，钒在钢中主要以碳化物、氮化物的形式存在；因为钒形成稳定固溶的碳化物，钢在较高温度时仍保持较细的晶粒和组织，降低了钢的过热敏感度。

1.2.1.2 钒对钢的物理化学性能作用

钒含量较高时，钒能够与钢液中碳结合，将碳以钒的碳化物的形式固定于钢中，提高了钢对氢的稳定性能；钒可以提高某些特殊耐腐蚀钢种的抗晶间腐蚀性能；当钢液中形成了钒的氧化物时，钢的抗氧化性能会降低；少量钒的加入，可以改善钢材的可焊接性。

1.2.1.3 钒对钢的力学性能作用

微量钒的加入可以阻止钢中奥氏体晶粒长大，增加相变核心，有助于提高钢的韧性；对含钒微合金钢种进行热处理，可以促进碳化物析出，提高钢的高温持久强度和蠕变抗力；另外，由于碳化钒硬度极高，析出并弥散于腹部的钒的碳化物可以提高钢的硬度和耐磨性。

此外，钒能改造氮，把钢中有害元素氮转变成有益于提高钢种性能的元素。钒的加入可以优先与钢中游离氮结合，避免钢的应变时效脆化现象的出现。当钢中 V/N 比超过 4 时，钢的应变时效脆化现象基本可以消除。

1.2.2 氮在含钒钢中的作用

在大多数传统钢种中，氮是钢的有害杂质元素，会引起时效脆化，因此在冶炼普通钢种时，钢厂会采用真空脱气及精炼流程等以深度脱除钢中的氮。然而在钒微合金化钢中，氮的作用变得截然不同，它转变成含钒钢种最经济的合金元素。冶炼钒微合金钢时，适量加入氮，能够促进钒以钒的碳氮化物析出，将钢中以固溶形式存在的钒转化为析出钒，充分发挥钒的冶金作用，显著提高钢的力学性能，并具有良好的经济效益。氮的作用主要分为以下四个方面进行分析[80,103-108]。

1.2.2.1 促进钒的析出

在共析温度下，铁素体中氮的溶解度比碳高[80]。当钢的体系为富氮条件，固溶在钢中的钒与碳、氮结合形成钒碳氮化物 VC_xN_y，其更接近二元相 VN。同时，钒的氮化物在钢中的溶解度比碳化钒低接近两个数量级，相比之下，富氮钢液中的 VC_xN_y 更易析出，且数量更高。

1.2.2.2 析出强化

富氮钢中，钒更加容易以碳氮化钒析出，提高钒的冶金性能，强化钢的性能。当大部分氮被耗尽后，进一步析出强化是困难的，富碳的碳氮化钒化学驱动力较小，不能大量从铁相中析出。Russwiurn 等研究钒含量（质量分数）为 0.07%~0.15% 的钢种时发现：当氮化铝（AlN）从 0.005% 提升到 0.015%，钢的屈服强度对应地从 350 MPa 提升到 550 MPa[103]。

1.2.2.3 细化晶粒

氮能促进晶内铁素体（IGF）的生产，明显地细化铁素体晶粒。窦维幂等发现在相同温度和时间内，含钒钢中添加的氮含量（质量分数）为0.014%时，能够显著提高晶体内铁素体的形核数量，大约提高5倍，大大细化了钢的铁素体晶粒[107]。

1.2.2.4 减少钒的使用量

氮促进晶相中钒的析出，提高了钒的作用率。在保证相同钢种强度的条件下，适量的氮可减少钒的加入量。考虑到钒的价格昂贵，增氮能够降低钢的生产成本，优化经济效益。杨才福等认为，增氮后钒的节约量波动为20%～40%[104]。国内外研究者实验发现，当钒含量（质量分数）为0.1%，氮含量为60×10^{-6}时，钢的强度为200 MPa，但是当钢中氮含量提高到150×10^{-6}时，钒含量只需0.06%，钢的强度便可达到200 MPa[106-108]。

1.2.3 钒在钢中的应用

经过几十年的科学研究及生产实践，研究者一致认为钢中添加钒能够显著改善钢的性能，提高钢的多项综合性能。目前，已广泛地应用于多种高性能钢种，如高强度低合金钢（HSLA）、合金结构钢、弹簧钢、轴承钢、合金工具钢、高速工具钢、耐热钢、抗氢钢等。下面主要介绍几种应用较多的钢种[104,109-114]。

（1）钒微合金钢。钒消耗量最大的钢种，钒含量基本低于0.1%；钢中加入0.1%的钒，可提升强度10%～20%，减轻钢材质量15%～25%，降低成本接近10%[111]；应用领域非常广泛，如建筑、铁道、桥梁、公路、水电、航空航天、汽车等。

（2）合金结构钢。按照用途可分为齿轮钢、弹簧钢、冷墩钢、易切削钢等。在合金结构钢中，钒的作用不仅仅是细化晶粒、组织和析出强化，还具有阻止奥氏体长大、提高淬透性、产生二次硬化效果、捕氢陷阱等效果。

（3）合金工具钢。按照用途可分为耐冲击工具钢、热作模具钢、冷作模具钢、无磁模具钢和塑料模具钢等。钒含量为0.15%～2%。一般工具钢要求具有一定硬度和耐磨性，钒含量不高（低于0.35%）；当性能要求更高时，钢中钒含量需要提高，使钢具有二次硬化效应和不错的红硬性。

(4) 不锈钢。大多数不锈钢种不添加钒，但是钒的加入不仅可以细化晶粒和组织，还可以增加淬火钢的回火稳定性，并产生二次硬化效果，进而提高钢种的综合性能。0.1%~0.3%的含钒量可以使不锈钢具有良好的耐腐蚀性和较高强度；更重要的是，在严重冷变形或低温下长时间暴露仍具有无磁性。

(5) 耐热钢。具有较高强度和耐腐蚀性能的钢种，主要分为热强钢和抗氧化钢。耐热钢中加入钒，能够缩小奥氏体相区、扩大 α 相区，进而在热处理过程中析出 VN 相，提高钢种的耐热性。

1.2.4 钢中增钒的途径

在炼钢过程中，钢铁企业主要是通过添加含钒炼钢添加剂来冶炼含钒钢种。目前，最常见的含钒炼钢添加剂主要有钒铁、氮化钒和氮化钒铁三种。

(1) 钒铁。最传统、最直接的含钒合金炼钢添加剂，基本能够实现细化晶粒、组织和强化沉淀的作用。不过由于氮可以促进钒的析出，为节约钒源，使用钒铁无法满足钢厂生产需求。通常这些钢厂会配合以吹氮或者加入富氮锰铁的方式来提高钢中氮含量，生产成本高[115]。

(2) 氮化钒。该合金在进行钒微合金化的同时能向钢中增氮，是目前企业使用较多的含钒炼钢添加剂。该方法添加方便，钒氮回收率高，钒的回收率可达90%以上，减少了合金用量，降低了冶炼成本[116]；更重要的是，相比于钒铁，以氮化钒作为添加剂冶炼的含钒钢的性能更好。

(3) 氮化钒铁。具有氮化钒与钒铁合金的双重优点，是一种新型含钒炼钢添加剂。相比于钒铁，能够节约20%~50%的钒，而且添加氮化钒铁产品的纯净度高，钒氮成分稳定，钢材力学性能波动值大大缩小，钢材性能可靠性更高。

1.3 含钒炼钢添加剂

1.3.1 钒铁

1.3.1.1 特性概述

(1) 物理化学性质。块状，密度较高，基本高于 6 g/cm^3，熔化温度在1723 K左右。按产品成分分类，分别有 40%、50%和 75%三种牌号的产品。除了主要元素钒和铁，钒铁中还含有大量的碳、硅、磷、硫、锰、铝等杂质元素。

（2）作用。钒铁中的钒可以与钢中的碳、氮形成对应的碳化物和氮化物，通过沉淀析出，起到细化晶粒和组织、析出强化的作用，进而提高钢种的强度、韧性、抗腐蚀能力、耐磨性和抗冲击性能等综合性能，以满足各种高性能钢材需求。

（3）优点。密度高，钒损失小。

（4）缺点。由于适量氮的加入，可以提高钢铁企业生产含钒钢种的经济效益。在冶炼含钒钢种时，需要额外吹氮或者加入富氮锰铁、氰氨化钙等含氮物质的方式来提高钢中氮含量，增加了冶炼成本；此外，吹氮工艺容易造成钢种的成分波动，不易控制。

（5）应用。仅作为含钒炼钢添加剂，应用于钢铁冶金领域，目前并无其他用途。

1.3.1.2 制备方法

A 电金属热还原法冶炼钒铁

目前工业上生产钒铁的主要方法[117-118]，一般是用还原性较强的金属去还原钒氧化物，使其与铁熔化在一起，形成钒铁合金。该方法的关键技术在于控制反应过程中的放热，使其能够自发地发生反应，减少冶炼能耗。若放热过高，冶炼过程则会过于强烈，引起喷溅，造成冶炼损失和事故；但若放热较少，冶炼过程则会过慢，无法自发使炉料熔化、反应以及渣铁分离，需要从外部提供热量以维持反应的进行。最常用金属为铝和硅，即所谓的硅热法和铝热法冶炼钒铁，其总反应式分别为

$$V_2O_5 + Si \longrightarrow SiO_2 + V \tag{1-1}$$

$$V_2O_5 + Al \longrightarrow Al_2O_3 + V \tag{1-2}$$

其中，硅热法冶炼钒铁流程主要是以五氧化二钒和硅铁为原料，添加石灰、铝块、废钢等辅助原料，以冶炼钒铁合金；冶炼设备是电弧炉；通过硅热法制备得到的钒铁含钒品位一般为35%～55%，钒冶炼回收率很高，可达98%以上。在1773 K高温下，以五氧化二钒和氧化铁为原料，添加硅铁和金属铝作为还原剂冶炼出钒铁熔体，且该方法的钒损失率较低[119]。

B 钒渣直接冶炼钒铁

国内外采用钒渣直接冶炼钒铁的方法很多，但主要处于实验室研究阶段，工

业生产中应用极少。该流程主要分两步完成，首先利用选择性还原的方法，将钒渣中的铁成分从中分离出去，从而得到 V/Fe 比较高的预还原钒渣，然后再使用电弧炉，将脱铁后的钒渣用碳、铝或硅还原，以制备钒铁合金[120-121]。

H. W. Rathmann 提出了一种钒渣冶炼钒铁的方法，首先将含有 20%（质量分数）左右五氧化二钒的高钒渣与石英、溶剂、碳在高温下冶炼出钒硅合金，再利用得到的钒硅合金与氧化钒进行高温还原得到钒铁。其中钒硅合金还需要经过两次精炼以提高钒硅合金纯度，流程较长，损耗大，钒的回收率只有 87%[122]。

C　碳热法冶炼钒铁[5,123-124]

很少有企业以五氧化二钒（V_2O_5）碳（C）热还原冶炼钒铁，主要是由于碳热还原为吸热反应，需要额外提供大量的热维持反应的进行，能耗较大；此外更重要的是，由于金属钒容易与碳结合形成碳化钒，该方法无法生产低碳的钒铁合金，品质不高，效益差。该方法的反应步骤为

$$V_2O_5 + C \longrightarrow VO_2 + CO \tag{1-3}$$

$$VO_2 + C \longrightarrow V_2O_3 + CO \tag{1-4}$$

$$V_2O_3 + C \longrightarrow VO + CO \tag{1-5}$$

$$VO + C \longrightarrow V + CO \tag{1-6}$$

$$V_2O_5 + C \longrightarrow VC + CO \tag{1-7}$$

Perfect F H 提出一种在 1973~2373 K 下，以氧化钒（V_2O_5）、铁（Fe）和碳（C）为原料制备钒铁，其成分具体为钒含量（质量分数）75%~85%，碳含量为 8%~12%，铁含量为 8%~12%，氧含量为 2%，密度为 5.8~6.2 g/cm^3。严格地说，这种方法制备所得的产品是碳化钒铁[125]。

1.3.2　氮化钒

1.3.2.1　特性概述

氮化钒是一种既含钒又含氮的炼钢添加剂，既满足了含钒钢种对增钒增氮的需求，又缩短了冶炼流程，一直以来是钢铁企业喜欢的钒合金之一，目前占据了近半的含钒炼钢添加剂市场份额。

（1）优点。相比钒铁，具有更加有效地析出强化和细化晶粒、组织的能力，改善可焊接性、切口韧性和可锻性；有效地强化各种碳钢强度；应变时效和塑性损耗低；更重要的是，促进了钒的析出，减少含钒合金添加剂的使用量，降低冶

炼含钒钢成本。

(2) 缺点。密度较低，基本在 2.5~3.5 g/cm^3，冶炼过程中部分钒无法穿过渣层，造成一定的钒损失，增加了冶炼成本。

(3) 应用。主要应用于钢铁冶金领域作为含钒炼钢添加剂。此外，由于具有较好的导电性、硬度、耐腐蚀性、化学稳定性、高抗氧化性、选择性催化等性能，在化工催化、半导体、硬质合金等行业也表现出很好的前景。近年来，国内外有不少学者开始或深入研究氮化钒的应用，如二维材料[126]、超导材料[127-129]、催化剂[10-132]、电池电极材料[133-139]、耐磨涂层[140-141]、耐腐蚀涂层[142-144]等。

1.3.2.2 制备方法

A 碳热还原氮化法

Vametco 公司生产流程如下：首先将三氧化二钒（V_2O_3）与碳（C）、黏结剂混合造球，将球块在真空炉内反应，以形成 VC_x（$x<1$），最后通入氮气进行氮化，并在真空气氛下冷却，整个反应过程在 1373~1773 K 下进行，其表达式为

$$V_2O_3 + (2x + 3)C \longrightarrow 2VC_x + 3CO \tag{1-8}$$

$$VC_x + \frac{y}{2}N_2 \longrightarrow VC_xN_y \tag{1-9}$$

攀枝花钢铁公司研究了非真空连续生产技术，该技术主要将三氧化二钒和碳粉按一定的比例配料，添加适量黏结剂进行造球，再放入推板窑中，通入反应气体，在 1873 K 温度下同时发生碳化和氮化反应，反应持续 1~6 h，降温并冷却至室温取出样品，以获得氮化钒产品[5-6]。

Downing J H 等人提出两步法真空碳热还原氮化制备法，将 V_2O_3、碳粉、树脂和铁粉混匀后压块，在 1573 K 以及真空度为 2000 Pa 下，反应 60 h，以得到初步产品碳化钒。然后，将温度降至 1373 K，通入氮气并恒温反应 2 h，再降温至 1273 K 反应 6 h，在保护气氛下冷却降温，最终得到的产物的化学组成为钒含量（质量分数）为 78.7%，碳含量为 10.5%，氮含量为 7.3%[145]。Rodney F M 等通过采用反复抽真空-氮化操作的方法，对上述方法进行了改进。当抽真空-氮化操作次数为 5 次时，反应时间缩短至 30 h，产品的氮含量提高到 10%~12%[146]。

美国专利 US4562057 提出一种两步法（气基还原氮化-碳热还原）制备低碳氮化钒的工艺。该工艺以钒酸铵或氧化钒为原料，在 973~1273 K 下用氨气或者

氮气和氢气的混合气氛还原氮化，得到钒的氮氧化合物；再将其配入过量的碳，在 1673 K 真空条件下，进行高温碳热还原氮化得低碳的碳氮化钒[147]。

Tripathy P K 等采用 V_2O_5 和石墨粉为原料，通过将物料混合、压制成型、干燥后装入石墨坩埚，放进感应电炉中通入氮气进行升温反应。在氮化温度为 1773 K，氮化时间为 3 h，氮气流速为 13.3×10^{-6} m^3/s，制得氮含量为 20.98% 的产品[148]。

杨志以 V_2O_5、碳和黏结剂溶液为原料，按比例进行混匀和造粒，然后将粒状原料放入高温炉中进行还原氮化反应，温度区间为 1273～1773 K，最后获得的钒氮合金产品成分钒含量（质量分数）为 75%～78%，氮含量为 0～12%，碳含量为 2%～6%[149]。

Buker 等先将 V_2O_5 预还原 1 h，使 V_2O_5 依次分解为低价态的钒氧化物，预还原温度为 527～627 ℃。为了增大接触面积，加入细粒度的碳质还原剂，在高温真空下反应 2～3 h，生成钒碳化物，最后在 1327～1427 ℃高温下通入氮气制备氮化钒[150]。

杨勇等以 V_2O_5 和碳粉和少量铁为原料制备了碳氮化钒。结果表明，随着配碳量的增加，残余碳含量增加，氮含量降低[151]。

上述都是两步碳热还原氮化法制备氮化钒，即第一步先碳热还原制得钒碳化物；第二步继续氮化得到氮化钒。在实践中发现，两步法工艺较为烦琐，而且在第一步中一般都要加入过量的碳，而第二步没有除碳的步骤，因此产品中碳含量很高，产品质量不高。为了改善工艺流程，研究者们提出了一步法制备氮化钒。即把碳热还原和氮化过程同时进行，当碳把钒氧化物中的氧夺走的同时，氮元素与钒结合。相比于两步法，这样既可以减少产物中碳含量，又缩短了工艺流程。目前主要制备氮化钒的方法就是一步碳热还原氮化法。

于三三采用 V_2O_3 和活性炭为原料、乙醇作为黏结剂，先机械球磨 8 h，之后将原料干燥 16 h，然后在 1480 ℃温度下通入流动氮气来合成氮化钒[152-153]。

攀钢集团将一步碳热还原氮化法制备氮化钒成功工业化，原料为 V_2O_3 和碳粉，加入黏结剂混匀后压块，干燥之后放入反应炉中，炉子里面微正压。在反应温度为 1100～1600 ℃的氮气气氛下，物料在里面发生逐级还原后氮化、固相烧结等物理化学变化，反应 4 h 之后冷却得到氮化钒。相比于两步法中第一步需要抽真空，该工艺流程阶段易于操作[154]。

B　微波加热法

微波加热是一种具有高效能、无污染、整体快速加热、烧结温度低、材料显微结构均匀等特点的制备技术。该制备技术无须经过由表及里的热传导过程，利用电磁波的渗透作用，到介质内部引起介质损耗而发热；微波加热升温速率快，加热时间大大缩短，生产效率显著提高。潘慧娟等用 V_2O_5 做钒源，选择炭黑作为碳质还原剂，加入聚乙烯醇水溶液作为黏结剂，将其混匀之后压球，将压球干燥，然后放入微波高温反应炉中，加热到 1300 ℃左右后保温。反应结束后在氮气气氛下冷却以制备氮化钒[155]。

C　气基还原氮化法

Middelhoek 等人提出气基还原五氧化二钒或偏钒酸铵制备氮化钒方法[156]，其中还原气体有 H_2、N_2、CH_4 的混合气体，N_2 和 CH_4，NH_3 和 CH_4，以及纯氨气体，还原温度为 1173～1373 K，反应一定时间后，可得含 $w(V)=74.2\%\sim78.7\%$，$w(N)=6.7\%\sim18\%$，$w(C)=4.2\%\sim16.2\%$，$w(O)=0.5\%\sim1.4\%$ 的氮化钒。

Middelhoek 等人还提出以钒的碳氧化物为原料，在还原剂和氮化剂分别为 H_2、NH_3、N_2 的条件下反应可以获得钒的碳氮氧化合物。根据选择还原剂和氮化剂并按适当比例混合，比例不同，最终产品中碳含量、氧含量以及氮含量不同。在 1423 K 下进行氢气还原和渗氮反应 7 h 后可以得到的产品化学组成为 $w(V)=81.2\%$、$w(N)=8.5\%$、$w(C)=8.5\%$、$w(O)=0.5\%$；以含有 $w(N)=1.6\%$、$w(C)=10.9\%$、$w(O)=7.3\%$ 的碳氧化钒为原料，在 1323 K 下反应 7 h 可以获得 $w(V)=79.1\%$、$w(N)=13.2\%$、$w(C)=4.5\%$、$w(O)=1.7\%$ 的碳氮化钒[157]。

Choi J G 等采用了粉状 V_2O_5 与 NH_3 气进行还原和氮化反应，此反应始于 523 K，随着反应温度的逐步升高，V_2O_5 被逐步还原成低价的钒氧化物，当温度达到 1073 K 时生成 VN，该方法氮化开始温度比高温碳热还原氮化法的温度降低了 673 K，降低了反应能耗[158]。

Kapoor 等人通过程序升温在氨气气氛中还原和氮化 V_2O_5，制备了具有高表面积（90 m^2/g）的氮化钒[159]。

D　其他制备方法

Qian 等人报道纳米氮化钒粉末可以在高压釜中通过分解 NH_4VO_3 合成[160]。整个过程中以金属 Na 作为助熔剂，反应温度为 723～873 K，具体反应式为

$$NH_4VO_3 + 3Na \longrightarrow VN + 3NaOH + 0.5H_2 \tag{1-10}$$

Chen 等人在室温下，以 VCl_4 和 $NaNH_2$ 为原料，在反应釜中成功合成了纳米晶的氮化钒粉末[161]，反应式为

$$VCl_4 + NaNH_2 \longrightarrow VN + NaCl + HCl \tag{1-11}$$

Hong 等人在 $N_2/Ar/H_2$ 微波等离子体条件下，通过气相三氯氧化钒（$VOCl_3$）的分解直接制备 VN 纳米粉末[162]。此外，研究者还提出了一些其他方法，如反应磁控溅射沉积[163]，金属氯化物或硫化物的氨解[164-166]和金属钒的氮化[167]。

1.3.3 氮化钒铁

氮化钒铁，一种新型的含钒炼钢添加剂，目前中国产销量达 5000 t 以上。

1.3.3.1 产品要求

氮化钒铁，块体，是一种由钒、氮和金属铁复合构成的钒氮合金，化学式为 FeVN，熔点为 1723～1923 K；由于铁的存在，该产品密度更大，含铁量最高的 FeV45N10 密度可达到 5.4 g/cm^3。除此之外，氮化钒铁的氮钒比相比氮化钒更高。目前国内主要有 FeV45N10、FeV55N11、FeV65N13 三个牌号，具体成分和密度要求列于表 1-1 和表 1-2 中[4-6]。

表 1-1 中国国家标准中各牌号的氮化钒铁成分 （质量分数,%）

牌号	FeV45N10-A	FeV45N10-B	FeV55N11-A	FeV55N11-B	FeV65N13-A	FeV65N13-B
V	43～47	43～47	53～57	53～57	63～67	63～67
N	9～12	9～12	10～13	10～13	11～15	11～15
C	0.5	3	0.5	3	0.4	3
Si	3	2.5	2.5	2.5	1.5	1.5
P	0.09	0.1	0.07	0.08	0.06	0.08
S	0.05	0.06	0.05	0.06	0.05	0.06
Al	2.5	2	2	2	2	2
Mn	—	—	—	—	0.5	0.5

表 1-2　中国国家标准中各牌号氮化钒铁的密度

牌　号	表观密度/($g \cdot cm^{-3}$)
FeV45N10-A	5.4
FeV45N10-B	
FeV55N11-A	5.0
FeV55N11-B	
FeV65N13-A	4.6
FeV65N13-B	

1.3.3.2　特点概述

氮化钒铁具有氮化钒与钒铁的双重优点[168-169]。

(1) 熔点低，低于或接近钢水的冶炼终点，有益于钢水中添加剂的充分溶解并起到微合金化作用；密度较高，比常规氮化钒高一倍，钒损失相对较小。

(2) 氮钒比高，具有更强的细化组织、晶粒和强化析出能力，钒和氮元素收得率高于钒铁和氮化钒，而且使用氮化钒铁比添加钒铁节约的钒含量为 20%～50%，比添加氮化钒节约的钒含量为 10%左右。

(3) 使用氮化钒铁为炼钢添加剂的钢种的纯净度较高，钒氮成分稳定，钢材力学性能波动值大大缩小，钢材性能更高。

(4) 钒利用率高，使用损失小，冶炼成本进一步缩减。

1.3.3.3　制备方法

目前，国内外氮化钒铁的制取方法主要有固态渗氮法、液态渗氮法和高压自蔓延合成法（SHS），这些方法都以钒铁合金为制取原料。

A　固态渗氮法

固态渗氮法是将钒铁粉末在熔点以下的温度进行的渗氮过程，因为反应温度不足没达到钒铁融化条件，是气固反应过程，这就导致了氮化时间较长、产品成分不均匀、功耗大、氮含量较低和稳定性差等问题，得到的产品氮含量最高大概只有 9%左右。

Grishchenk S G 等人以钒铁粉末为原料，在 1323 K 下进行固态渗氮制备得到氮化钒铁。具体操作为：将 50 钒铁研磨成粉，将其放入电阻炉内，并升温至 1323 K，进行氮化反应 17 h，降温并取出样品。在升温过程中，保持炉内一定的真空度，并保持氮气气氛。最终可以得到的氮化钒铁的氮含量为 5.0% ~ 6.6%[171]。1996 年，Franke H 等人进行了类似的实验，虽然效率较前者提高了一些，但是仍不能满足工业化生产的要求[172]。

锦州铁合金厂以 50 钒铁粉为原料进行固态渗氮，详细地研究了氮分压、渗氮温度、原料粒度和渗氮时间对产品氮含量的影响，最终总结出最佳的渗氮条件为粒度 0.1 ~ 0.5 mm，时间 1 ~ 1.5 h，温度 1323 K 和 P_{N_2} 101325 Pa。在此条件下，产品的最高氮含量为 6% ~ 9%[173]。

张显鹏等人研究了不同粒度的钒铁粉分别在 1373 K、1473 K 和 1573 K 温度下进行高温渗氮对产品氮含量的影响，其中渗氮时间分别为 10 min、20 min、30 min和 40 min。结果表明，在 1473 K 下最高可以得到氮含量为 8.2% 的氮化钒铁；在 1573 K 下最高可以得到氮含量为 8.47% 的氮化钒铁[173]。

穆宏波等人研究了钒铁固态渗氮过程。以 80 钒铁为原料，经过粉碎、造块、烘干、脱水等流程，在 1273 ~ 1473 K 下高温渗氮 0.5 ~ 1.0 h，其中氮气流量为 10 L/min，最终得到钒含量（质量分数）为 66% ~ 67%，氮含量为 6% ~ 8% 的氮化钒铁产品[173]。

1996 年，穆宏波等又采用高钒铁为原料，研究了渗氮温度、原料粒度、渗氮时间和氮气流量对产品氮含量的影响。实验表明，影响因素相关程度为渗氮温度>原料粒度>渗氮时间>氮气流量。此外，他们还认为采用 Ar 作为保护气体升温到指定的温度时切换成氮气气氛，所得到的产品比在单纯氮气气氛下的产品氮含量要高[174]。

张明远等人研究了高温氮化温度和氮化时间对氮化钒铁的氮含量的影响。结果表明，50 钒铁的最佳氮化温度为 1523 ~ 1573 K，氮含量（质量分数）可达 5%；80 钒铁的最佳氮化温度为 1623 ~ 1673 K，氮含量可达 12%[175]。

Krastev D 利用电热旋转床研究不同反应温度（1373 ~ 1573 K）、反应时间（1 ~ 3 h）及钒铁粒度（0.5 ~ 1 mm）对产品氮含量的影响[176]。研究表明，温度升高有益于氮化钒铁中氮含量的提高；钒铁粉末越细，产品氮含量越高；反应时间的延长进一步提高了产品的氮含量。通过该方法制备得到的氮化钒铁的氮含量较高，但是该实验设备复杂，成本较高，生产率低下。目前该流程仅在实验室研究阶段。

总的来说，大多数固态渗氮法所用设备简单，但其氮化时间较长且氮化程度不均匀，其制备的氮化钒铁的氮含量（质量分数）较低（FeV50 达到 8% 左右，

FeV80 在 12%左右），品质较低。虽然部分固态渗氮法多年前已经工业化生产，但是其性价比不是很高，目前大多已被淘汰。

B　液态渗氮法

液态渗氮法和固态渗氮法所用原料类似，都是钒铁粉末，但是反应温度高于钒铁熔点。反应时钒铁粉末颗粒会熔化成液相，反应为气液反应，然后通入氮气进行渗氮反应。

Zharnitskii M D 等人利用等离子升温研究钒铁熔体的渗氮热力学，发现钒铁熔体渗氮的最佳温度为其液相线温度，渗氮后钒铁中氮含量与钒铁中所含元素种类和数量有关[177]。

1969 年，Wada H 在较高温度下（2173 K）使钒铁粉熔化，向其中吹入氮气进行氮化。产品中钒含量（质量分数）为 41.5%～50.6%，溶解的氮含量为 3.8%～5.3%[178]。Pomarin Y M 等人在 1975 年进行类似的研究，氮溶解量依旧较低[179]。

Nemchenko V P 等人将钒铁［w(Fe)＝35%～45%，w(V)＝5%～6%，w(Mn)＝1.2%～1.7%，w(Ni)＝0.3%～0.5%］放入带有底气砖的钢包中，加热到高温阶段使其熔化，同时通入氮气进行液态渗氮[180-181]。该方法优点是渗氮工艺和设备简单，易于实现，但液态渗氮后产品的含氮量较低，平均为 1%～1.2%。

Liu W 等人以 FeV50 合金为原料进行 1873～1923 K 下管式炉高温渗氮实验，制备出氮含量最高为 4.34%的氮化钒铁合金[182]。

由上述研究可以看出，液态渗氮法的制备设备相对简单，易于实现，但是其产品的氮含量极低，效益差。

C　高压自蔓延合成法（SHS）

高压自蔓延合成（self-propagating high temperature synthesis，SHS）技术又称燃烧合成，是由苏联科学家 Merzhanov 提出的一种技术，如果反应是强放热反应，则利用高放热反应的能量使化学反应自动地持续下去，具有设备简单、能耗少、合成速度快和温度高等优点[183]，该方法的技术路线如图 1-3 所示[184-186]，工艺主要步骤为：

（1）以钒铁为原料，对其进行破碎、制粉、干燥等流程；

（2）将干燥后的钒铁粉末平铺在石墨槽内，并放入高压氮化合成炉，开始抽真空直至炉内压力达到规定真空度后，再向高压反应炉内充入高压强的氮气；

（3）开始点火，引燃顶部合成料，自蔓延反应开始；

（4）高压反应一定时间后，自蔓延反应结束，炉温逐渐降低，达到室温后合成产品在减压后取出。

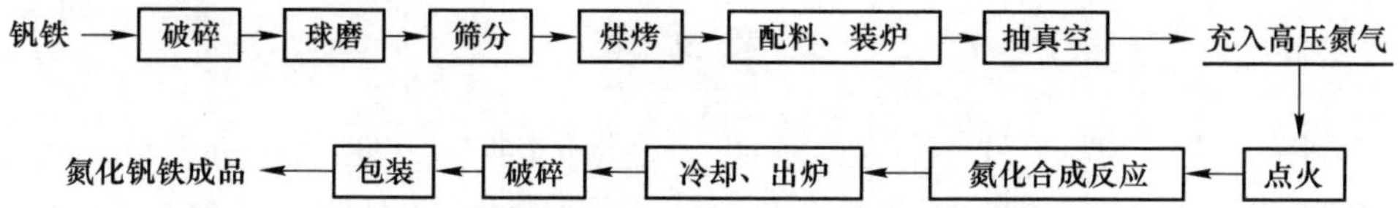

图 1-3 自蔓延高温合成氮化钒铁的技术路线

苏联丘索夫厂是早期国际上利用高压自蔓延合成法生产氮化钒铁的企业。该厂主要使用液态氮作为氮源，通过自蔓延工艺制备得到氮化钒铁，其成分具体为 $w(V)=32\%\sim45\%$，$w(N)=6\%\sim11\%$，$w(C)=0.75\%\sim1\%$，$w(Mn)=2\%\sim6\%$，$w(Si)=2\%\sim3\%$，$w(Al)=1\%\sim3\%$，$w(S)\leqslant0.05\%$，$w(P)\leqslant0.10\%$。

赵小平等研究了以 80 钒铁和 50 钒铁为原料通过自蔓延燃烧法制备氮化钒铁过程中细粉粒度、钒铁细粉中氧含量以及氮气压力在反应过程中对产品的影响。结果表明，通过 SHS 法可以得到符合要求的氮化钒铁产品，其稳定获得合格产品的工艺参数为磨料时间 75 min 以内，钒铁细粉粒度 80 目（180 μm）以下，氮气压力 8 MPa[187]。

Braverman 等研究了粒化后的钒铁细粉在氮气流中燃烧合成氮化钒铁。通过实验表明，钒铁颗粒可以经自蔓延燃烧氮化合成氮化钒铁，且颗粒之间没有出现黏结现象，为连续生产氮化钒铁创造了可能性[188]。

Ziatdinov M K 等人以钒铁粉末为原料，通过与常规固态或液态渗氮方法比较，发现在高压下自蔓延合成的氮化钒铁具有更高的性能指标[183]。

SHS 法较其他方法具有明显的优势，如节省时间，能源利用充分；氮含量高；气孔率低；产品密度高，粉化率低；冶金性能好。这些优势是该方法能够在国内广泛应用的关键性因素，但是其仍存在产品氮含量分布不均匀、杂质含量过高、生产流程过长等问题，这些问题抑制了产品质量的进一步提高。

综上所述，目前绝大多数钒资源的应用领域是在钢铁冶金工业。同时，氮化钒铁作为钒资源的主要应用形式之一，其在制备工艺方面还存在某些不足，如制备成本高，流程长且品质不高等问题，使钒资源无法得到充分利用。因此本书将针对这些不足，逐步开展科学研究并提出具有重大应用价值和广阔市场前景的新途径，以制备高品质氮化钒铁，满足钢铁企业生产需求，为我国钒冶金的发展做出新的贡献。本书的作者相信，如果能大幅度降低高品质氮化钒铁的生产成本，氮化钒铁将取代绝大部分钒铁和氮化钒的市场额度，尤其是氮化钒，会彻底退出钢铁添加剂领域。

参 考 文 献

[1] 陈冠荣，时钧．化工百科全书［Z］．北京：化学工业出版社，1998.

[2] 陈鉴，何晋秋，林京．钒及钒冶金［M］．攀枝花资源综合利用领导小组办公室，1983.

[3] 廖世明，柏谈论．国外钒冶金［M］．北京：冶金工业出版社，1985.

[4] 杨保祥，何金勇，张桂芳．钒基材料制造［M］．北京：冶金工业出版社，2014.

[5] 杨绍利．钒钛材料［M］．北京：冶金工业出版社，2012.

[6] 邹建新，李亮．钒钛产品生产方法与设备［M］．北京：化学工业出版社，2014.

[7] 赵秦生，李中军．钒冶金［M］．湖南：中南出版社，2015.

[8] 黄道鑫，陈厚生．提钒炼钢［M］．北京：冶金工业出版社，2000.

[9] 陈厚生．化工百科全书［M］．北京：化学工业出版社，1993.

[10] 于三三．一步合成法合成碳氮化钒的研究［D］．东北大学，2009.

[11] Gupta C K，Krishnamurthy N. Extractive metallurgy of vanadium（process metallurgy）［M］. Netherlands：Elsevier，1992.

[12] 吴跃东．高品质氮化钒铁合金的短流程制备与高温反应机理研究［D］．北京科技大学，2019.

[13] 邹晓勇，欧阳玉祝，彭清静．含钒石煤无盐焙烧酸浸生产五氧化二钒方法的研究［J］．化学世界，2001（3）：117-119.

[14] 王喜庆．高炉冶炼钒钛磁铁矿［M］．北京：冶金工业出版社，1994.

[15] 丙肠桔，龚胜，龚竹青．从石煤中提取五氧化二钒的方法研究［J］．稀有金属，2007（5）：670-676.

[16] Ishiwata Y，Suehiro S，Kida T，et al. Spontaneous uniaxial strain and disappearance of the metal-insulator transition in monodisperse V_2O_3 nanocrystals［J］. Physical Review B，2012，86（3）：035449.

[17] Stewart M K，Brownstead D，Wang S，et al. Insulator-to-metal transition and correlated metallic state of V_2O_3 investigated by optical spectroscopy［J］. Physical Review B，2012，85（20）：205113.

[18] Jung D，Kim U，Cho W. Fabrication of pure monoclinic VO_2 nanoporous nanorods via a mild pyrolysis process［J］. Ceramics International，2018，44（6）：6973-6979.

[19] Tiano A L，Li J B，Sutter E，et al. Effects of electronic correlation，physical structure，and surface termination on the electronic structure of V_2O_3 nanowires［J］. Physical Review B，

2012, 86 (12): 125135.

[20] Liu M K, Pardo B, Zhang J, et al. Photoinduced phase transitions by time-resolved far-infrared spectroscopy in V_2O_3 [J]. Physical Review Letters, 2011, 107 (6): 066403.

[21] Hendrix B C, Wang X, Chen W, et al. Understanding doped V_2O_3 as a functional positive temperature coefficient material [J]. Journal of Materials Science: Materials in Electronics, 1992, 3 (2): 113-119.

[22] Kokabi H R, Rapeaux M, Aymami J A, et al. Electrical characterization of PTC thermistor based on chromium doped vanadium sesquioxide [J]. Materials Science and Engineering: B, 1996, 38 (1/2): 80-89.

[23] Pan Y, Wu G Z, Yi X S. Vanadium sesquioxide-polymer composites: the study of electrical conductivity [J]. Journal of Materials Science, 1994, 29 (21): 5757-5764.

[24] Wang Y, Zhang H J, Admar A S, et al. Improved cyclability of lithium-ion battery anode using encapsulated V_2O_3 nanostructures in well-graphitized carbon fiber [J]. Rsc Advances, 2012, 2 (13): 5748-5753.

[25] Zhang Y, Huang C, Meng C, et al. A novel route for synthesis and growth formation of metal oxides microspheres: Insights from V_2O_3 microspheres [J]. Materials Chemistry and Physics, 2016, 177: 543-553.

[26] Blagojevic V A, Carlo J P, Brus L E, et al. Magnetic phase transition in V_2O_3 nanocrystals [J]. Physical Review B, 2010, 82 (9): 094453.

[27] Kittaka S, Sasaki S, Morimoto T. Spherical particles and their surface properties [J]. Journal of Materials Science, 1987, 22 (2): 557-564.

[28] Bai Y, Jin P, Ji S, et al. Preparation and characterization of V_2O_3 micro-crystals via a one-step hydrothermal process [J]. Ceramics International, 2013, 39 (7): 7803-7808.

[29] Tilley R J D, Hyde B G. An electron microscopic investigation of he decomposition of V_2O_5 [J]. Journal of Physics and Chemistry of Solids, 1970, 31 (7), 1613-1619.

[30] Su D S, Schlögl R. Thermal decomposition of divanadium pentoxide V_2O_5: towards a nanocrystalline V_2O_3 phase [J]. Catalysis Letters, 2002, 83 (3/4): 115-119.

[31] Wu J, Liu H, Zhu S, et al. Preparation of vanadium (Ⅲ) oxide by thermal decomposition of hydrazine-containing vanadium salt [J]. Chinese Chemical Letters, 1991, 2: 901-904.

[32] Toshiyuki O, Yasuhiro I, Kenkyu R K. Synthesis of SnO_2, VO_2 and V_2O_3 fine particles by laser-induced vaporphase reaction [J]. Journal of Photopolymer Science and Technology, 1997, 10 (2): 211-214.

[33] Duan Y, Zhang J, Li X, et al. Low temperature pressureless sintering of silicon nitride ceramics for circuit substrates in powder electronic devices [J]. Ceramics International, 2018,

44 (4): 4375-4380.

[34] Saini L, Janu Y, Patra M K, et al. Dual band resonance in tetragonal $BaTiO_3$/NBR composites for microwave absorption applications [J]. Journal of the American Ceramic Society, 2016, 99 (9): 3002-3007.

[35] Bayati R, Molaei R, Wu F, et al. Dependence of semiconductor to metal transition of VO_2 (011)/NiO{100}/MgO{100}/TiN{100}/Si{100} heterostructures on thin film epitaxy and nature of strain [J]. Journal of the American Ceramic Society, 2015, 98 (4): 1201-1208.

[36] Zhang Y, Zhang F, Yu L, et al. Synthesis and characterization of belt-like VO_2 (B) @ carbon and V_2O_3@ carbon core-shell structured composites [J]. Colloids and Surfaces A: Physicochemical and Engineering Aspects, 2012, 396: 144-152.

[37] Ji H, Liu D, Cheng H, et al. Facile synthesis and electrical switching properties of V_2O_3 powders [J]. Materials Science and Engineering: B, 2017, 217: 1-6.

[38] Parker J C, Geiser U W, Lam D J, et al. Optical properties of the vanadium oxides VO_2 and V_2O_5 [J]. Journal of the American Ceramic Society, 1990, 73 (11): 3206-3208.

[39] Wu C, Feng F, Xie Y. Design of vanadium oxide structures with controllable electrical properties for energy applications [J]. Chemical Society Reviews, 2013, 42 (12): 5157-5183.

[40] Fan L, Chen Y, Liu Q, et al. Infrared response and optoelectronic memory device fabrication based on epitaxial VO_2 film [J]. ACS Applied Materials & Interfaces, 2016, 8 (48): 32971-32977.

[41] Kimizuka N, Isahii M, Kawada I, et al. Behaviour of vanadium dioxide single crystals synthesized under the various oxygen partial pressures at 1500 K [J]. Journal of Solid State Chemistry, 1974, 9 (1): 69-77.

[42] Mjejri I, Rougier A, Gaudon M. Low-cost and facile synthesis of the vanadium oxides V_2O_3, VO_2, and V_2O_5 and their magnetic, thermochromic and electrochromic properties [J]. Inorganic Chemistry, 2017, 56 (3): 1734-1741.

[43] Lawton S A, Theby E A. Effect of tungsten and molybdenum doping on the semiconductor-metallic transition in vanadium dioxide produced by evaporative decomposition of solutions and hydrogen reduction [J]. Journal of the American Ceramic Society, 1995, 78 (1): 238-240.

[44] Tsang C, Manthiram A. Synthesis of nanocrystalline VO_2 and its electrochemical behavior in lithium batteries [J]. Journal of the Electrochemical Society, 1997, 144 (2): 520-524.

[45] MiloševićS, StojkovićI, Kurko S, et, al. The simple one-step solvothermal synthesis of nanostructurated VO_2 (B) [J]. Ceramics International, 2012, 38 (3): 2313-2317.

[46] Ma Y, Zhou H, Zhu J, et al. Synthesis of flake-like VO_2 (M) by annealing a novel $(NH_4)_{0.6}V_2O_5$ phase and its thermochromic characterization [J]. Ceramics International, 2016, 42 (14): 16382-16386.

[47] Alie D, Gedvilas L, Wang Z, et al. Direct synthesis of thermochromic VO_2 through hydrothermal reaction [J]. Journal of Solid State Chemistry, 2014, 212: 237-241.

[48] Qi J, Niu C. Characterization and thermodynamic analysis of VO_2 synthesized by NH_4VO_3 [J]. Energy Procedia, 2012, 17: 1953-1959.

[49] Zhang L, Yao J, Guo Y, et al. VO_2(A) nanorods: one-pot synthesis, formation mechanism and thermal transformation to VO_2 (M) [J]. Ceramics International, 2018, 44 (16): 19301-19306.

[50] Shacklette L W, Williams W S. Influence of order-disorder transformations on the electrical resistivity of vanadium carbide [J]. Physical Review B, 1973, 7 (12): 5041.

[51] Yan L, Wu E. The preparation of ultrafine V_8C_7 powder and its phase reactions [J]. International Journal of Refractory Metals and Hard Materials, 2007, 25 (2): 125-129.

[52] 加西克．铁合金生产的理论和方法 [M]．北京：冶金工业出版社，1994.

[53] Lipatnikov V N, Lengauer W, Ettmayer P, et al. Effects of vacancy ordering on structure and properties of vanadium carbide [J]. Journal of Alloys and Compounds, 1997, 261 (1/2): 192-197.

[54] Lee J, Sohn K, Hyeon T. Fabrication of novel mesocellular carbon foams with uniform ultralarge mesopores [J]. Journal of the American Chemical Society, 2001, 123 (21): 5146-5147.

[55] Yoon S B, Sohn K, Kim J Y, et al. Fabrication of carbon capsules with hollow macroporous core/mesoporous shell structures [J]. Advanced Materials, 2002, 14 (1): 19-21.

[56] Preiss H, Schultze D, Szulzewsky K. Carbothermal synthesis of vanadium and chromium carbides from solution-derived precursors [J]. Journal of the European Ceramic Society, 1999, 19 (2): 187-194.

[57] Zhang B, Li Z Q. Synthesis of vanadium carbide by mechanical alloying [J]. Journal of Alloys and Compounds, 2005, 392 (1/2): 183-186.

[58] Wiener G W, Berger J A. Structure and magnetic properties of some transition metal nitrides [J]. JOM, 1955, 7 (2): 360-368.

[59] Tang R Z. Preparation of VC [J]. Rare Metals and Cemented Carbides, 2000, 2: 11-13.

[60] Schwarzkopf P, Kieffer R. Refractory hard metals: borides, carbides, nitrides and silicides [M]. New York: Macmillan, 1953.

[61] Kapoor R, Oyama S T. Synthesis of vanadium carbide by temperature programmed reaction [J]. Journal of Solid State Chemistry, 1995, 120 (2): 320-326.

[62] Zhao Z, Liu Y, Cao H, et al. Synthesis of vanadium carbide nanopowders by thermal processing and their characterization [J]. Powder Technology, 2008, 181 (1): 31-35.

[63] Lee J S, Oyama S T, Boudart M. Molybdenum carbide catalysts: Ⅰ. Synthesis of unsupported powders [J]. Journal of Catalysis, 1987, 106 (1): 125-133.

[64] Ribeiro F H, Dalla Betta R A, Boudart M, et al. Reactions of neopentane, methylcyclohexane, and 3,3-dimethylpentane on tungsten carbides: the effect of surface oxygen on reaction pathways [J]. Journal of Catalysis, 1991, 130 (1): 86-105.

[65] Oyama S T, Schlatter J C, Metcalfe Ⅲ J E, et al. Preparation and characterization of early transition metal carbides and nitrides [J]. Industrial & Engineering Chemistry Research, 1988, 27 (9): 1639-1648.

[66] Chen Y, Zhang H, Ye H, et al. A simple and novel route to synthesize nano-vanadium carbide using magnesium powders, vanadium pentoxide and different carbon source [J]. International Journal of Refractory Metals and Hard Materials, 2011, 29 (4): 528-531.

[67] Rodrıguez P, Brito J L, Albornoz A, et al. Comparison of vanadium carbide and nitride catalysts for hydrotreating [J]. Catalysis Communications, 2004, 5 (2): 79-82.

[68] Hossein-Zadeh M, Razavi M, Safa M, et al. Synthesis and structural evolution of vanadium carbide in nano scale during mechanical alloying [J]. Journal of King Saud University-Engineering Sciences, 2016, 28 (2): 207-212.

[69] Oyama S T. The chemistry of transition metal carbides and nitrides [M]. New York: Blackie academic, 1996.

[70] Carlson O N, Smith J F, Nafziger R H. The vanadium-nitrogen system: a review [J]. Metallurgical and Materials Transactions A, 1986, 17 (10): 1647-1656.

[71] Gajbhiye N S, Ningthoujam R S. Low temperature synthesis, crystal structure and thermal stability studies of nanocrystalline VN particles [J]. Materials Research Bulletin, 2006, 41 (9): 1612-1621.

[72] King D A, Sebba F. The catalytic synthesis of ammonia over vanadium nitride containing oxygen: Ⅱ. Order-disorder transition revealed by catalytic behavior [J]. Journal of Catalysis, 1965, 4 (4): 430-439.

[73] Wu Y, Ran F. Vanadium nitride quantum dot/nitrogen-doped microporous carbon nanofibers electrode for high-performance supercapacitors [J]. Journal of Power Sources, 2017, 344: 1-10.

[74] Rajat K. Synthesis. Reactivity and thermochemistry of vanadium carbide and nitride [D]. USA: Clarkson University, 1994.

[75] Glasson D R, Jayaweera S A A. Formation and reactivity of nitrides I. Review and introduction

[J]. Journal of Chemical Technology and Biotechnology, 1968, 18 (3): 65-77.

[76] Benco Ľ. Chemical bonding in stoichiometric and substoichiometric vanadium nitride [J]. Journal of Solid State Chemistry, 1994, 110 (1): 58-65.

[77] Okamoto H. Phase diagrams for binary alloys [M]. H. Okamoto: ASM International, 2000.

[78] 杨守志. 钒冶金 [M]. 北京：冶金工业出版社，2010.

[79] 邓小霞. 钒基储氢材料的研究 [J]. 中国科学院金属研究所，2007.

[80] 齐俊杰，黄运华，张跃. 微合金化钢 [M]. 北京：冶金工业出版社，2006.

[81] 侯晶，王飞，赵国英，等. 微合金钢的研究现状及发展趋势 [J]. 材料导报，2007 (6): 91-95.

[82] 刘兴乾. 钒在钢中的应用 [J]. 钢铁钒钛，1983 (4): 50-57.

[83] Krawiec P, De Cola P L, Glaeser R, et al. Oxide foams for the synthesis of high-surface-area vanadium nitride catalysts [J]. Advanced Materials, 2006, 18 (4): 505-508.

[84] Claridge J B, York A P, Brungs A J, et al. Study of the temperature-programmed reaction synthesis of early transition metal carbide and nitride catalyst materials from oxide precursors [J]. Chemistry of Materials, 2000, 12 (1): 132-142.

[85] Wu M, Guo H, Lin Y N, et al. Synthesis of highly effective vanadium nitride (VN) peas as a counter electrode catalyst in dye-sensitized solar cells [J]. The Journal of Physical Chemistry C, 2014, 118 (24): 12625-12631.

[86] Chen L, Gu Y, Shi L, et al. Effects of dilution and preheating on SHS of vanadium nitride [J]. Ceramics International, 2005, 31 (1): 95-104.

[87] Shikama T, Sakai Y, Fukutomi M, et al. Properties of titanium carbide and vanadium carbide mixtures as first wall coatings [J]. Journal of Nuclear Materials, 1985, 133: 765-768.

[88] 吴丹. 动力汽车电池用新型钒基储氢合金的组织与性能研究 [J]. 热加工方法，2014 (24): 80-82.

[89] 常芳，孟凡明，陆瑞生. 钒电池用电解液研究现状及展望 [J]. 电源技术，2006 (10): 860-862.

[90] Aruga A, Katsuta H. Pressureless sintering of vanadium nitride ceramics and their properties [J]. Journal of the Japan Society of Powder and Powder Metallurgy, 2001, 48 (1): 45-50.

[91] Glaser A, Surnev S, Netzer F P, et al. Oxidation of vanadium nitride and titanium nitride coatings [J]. Surface Science, 2007, 601 (4): 1153-1159.

[92] Galesic I, Kolbesen B O. Formation of vanadium nitride by rapid thermal processing [J]. Thin Solid Films, 1999, 349 (1): 14-18.

[93] Chaplanov A M, Shcherbakova E N. Nitrogen-hydrogen plasma processing of thin vanadium films [J]. Inorganic materials, 2001, 37 (3): 233-236.

[94] Gueddaoui H, Schmerber G, Abes M, et al. Effects of experimental parameters on the physical properties of non-stoichiometric sputtered vanadium nitrides films [J]. Catalysis Today, 2006, 113 (3): 270-274.

[95] Baker T N, Li Y, Wilson J A, et al. Evolution of precipitates, in particular cruciform and cuboid particles, during simulated direct charging of thin slab cast vanadium microalloyed steels [J]. Materials Science and Technology, 2004, 20 (6): 720-730.

[96] Li Y, MJW G. The effect of vanadium and niobium on the properties and microstructure of the intercritically reheated coarse grained heat affected zone in low carbon microalloyed steels [J]. ISIJ International, 2001, 41 (1): 46-55.

[97] Lagneborg R, Siwecki T, Zajac S, et al. The role of vanadium in microalloyed steels [J]. The Scandanavian Journal of Metallurgy, 1999, 28 (5): 186-241.

[98] Dunlop G L, Carlsson C J, Frimodig G. Precipitation of VC in ferrite and pearlite during direct transformation of a medium carbon microalloyed steel [J]. Metallurgical Transactions A, 1978, 9 (2): 261-266.

[99] Baker T N. Structure of controlled-rolled and continuously cooled low-C V steels [J]. Journal of Iron and Steel Institute, 1973, 211 (7): 502-510.

[100] He K, Edmonds D V. Formation of acicular ferrite and influence of vanadium alloying [J]. Materials science and technology, 2002, 18 (3): 289-296.

[101] 程鼎，张永权，杨才福．微合金化技术在55CH型钢中的应用 [J]. 轧钢，2008 (03): 31-33.

[102] Siwecki T, Eliasson J, Lagneborg R, et al. Vanadium microalloyed bainitic hot strip steels [J]. ISIJ International, 2010, 50 (5): 760-767.

[103] Russwiurn D, Wille P. High strengh weldable reinforcing bars [C]. Korchynsky M. Microalloying'95, Warrendale, USA, 1995: 377-389.

[104] 杨才福，张永权，王瑞珍．钒钢冶金原理与应用 [M]. 北京：冶金工业出版社，2012.

[105] 窦维幂，杨才福，张永权．钒氮钢种铁素体等温形核规律的试验研究 [J]. 钢铁，2005 (10): 63-67.

[106] Korchynsky M, Glodowski R J. The role of nitrogen microalloyed forging steel [C]. 3th International Conference on Forging-presentation, Porto Alegre, Brazil, 1998.

[107] Korchynsky M. A new role for microalloyed steels: adding economic value [C]. Proceedings of the 9th International Ferro Alloy Conference Infacon, Washington, USA, 1998.

[108] Zhang S, Hattori N, Enomoto M, et al. Ferrite nucleation at ceramic/austenite interfaces [J]. ISIJ International, 1996, 36 (10): 1301-1309.

[109] 项程云．合金结构钢 [M]. 北京：冶金工业出版社，1999.

[110] Asahi H, Hirakami D, Yamasaki S. Hydrogen trapping behavior in vanadium-added steel [J]. ISIJ International, 2003, 43 (4): 527-533.

[111] 夏玉丹，宋辉，杨斌．浅谈五氧化二钒的市场状况和生产方法 [J]. 贵州化工，2011 (4): 17-18.

[112] 姜祖赓，陈再枝，任民恩．模具钢 [M]. 北京：冶金工业出版社，1993.

[113] Katsuki F, Watari K, Tahira H, et al. Abrasive wear behavior of a pearlitic (0.4%C) steel microalloyed with vanadium [J]. Wear, 2008, 264 (3/4): 331-336.

[114] Wei S, Zhu J, Xu L. Research on wear resistance of high speed steel with high vanadium content [J]. Materials Science and Engineering: A, 2005, 404 (1/2): 138-145.

[115] 邓铁明，刘海泉，陈文明．国内外钒氮合金的研究进展及应用前景 [J]. 宁夏工程技术，2004 (4): 343-344.

[116] 季怀忠，杨才福，张永权．氮在非调质钢中的作用 [J]. 钢铁，2000 (7): 67-70.

[117] Yücel O, Cinar F, Addemir O, et al. The preparation of ferroboron and ferrovanadium by aluminothermic reduction [J]. High Temperature Materials and Processes, 1996, 15 (1/2): 103-110.

[118] Zheng X J, Peng K W, Pu N W, et al. Technological parameters of smelting high vanadium ferroalloy by outside furnace process [J]. Journal of Iron and Steel Research, 2012, 24 (9), 6-9.

[119] Kostyanoi B M, Manokhin A I, Zubarev A G, et al. Process for producing ferrovanadium alloys [P]. US: 4165234, 1979.

[120] Aas H, Nordheim R. Process for the production of ferro-vanadium directly from slag obtained from vanadium-containing pig iron [P]. US: 3579328, 1971.

[121] Edlinger A, Goessnitzer A. Process for the production of hydraulic binders and/or alloys, such as for examples, ferrochromium or ferrovanadium [P]. US: 5882375, 1999.

[122] Rathmann H W, Rasmussen R T. Method for the production of vanadium alloys [P]. US: 3420659, 1969.

[123] Buker D O. Production of ferrovanadium alloys [P]. US: 3637370, 1972.

[124] Rae D R M, Gold R G, Thompson C D, et al. Ferrovanadium production by plasma carbothermic reduction of vanadium oxide [C]. Electric Furnace Conference, USA, 1976: 96-100.

[125] Perfect F H. Ferrovanadium carbide addition agents and process for their production [P]. US: 4374667, 1983.

[126] Urbankowski P, Anasori B, Hantanasirisakul K, et al. 2D molybdenum and vanadium nitrides synthesized by ammoniation of 2D transition metal carbides (MXenes) [J]. Nanoscale, 2017, 9

(45): 17722-17730.

[127] Ajami F I, MacCrone R K. Magnetic susceptibility and superconductivity of cubic vanadium nitrides [J]. Journal of Physics and Chemistry of Solids, 1975, 36 (1): 7-15.

[128] Shokod'ko A V, Ashmarin A A, Chernyavskii A S, et al. Preparation of compact vanadium nitride using the oxidative constructing approach and study of its properties [J]. Inorganic Materials: Applied Research, 2013, 4 (5): 464-467.

[129] Zhao B R, Chen L, Luo H L, et al. Superconducting and normal-state properties of vanadium nitride [J]. Physical Review B, 1984, 29 (11): 6198-6202.

[130] Feng G, Xiao J, Pan Z, et al. Non-carbon 1D mesoporous titanium vanadium nitride as supports of Pt nanoparticles for methanol electrooxidation [J]. Electrochimica Acta, 2018, 259: 1162-1169.

[131] Huang T, Mao S, Zhou G, et al. Hydrothermal synthesis of vanadium nitride and modulation of its catalytic performance for oxygen reduction reaction [J]. Nanoscale, 2014, 6 (16): 9608-9613.

[132] Kim N Y, Lee J H, Kwon J A, et al. Vanadium nitride nanofiber membrane as a highly stable support for Pt-catalyzed oxygen reduction reaction [J]. Journal of Industrial and Engineering Chemistry, 2017, 46: 298-303.

[133] Wang G, Hou S, Yan C, et al. Three-dimensional porous vanadium nitride nanoribbon aerogels as Pt-free counter electrode for high-performance dye-sensitized solar cells [J]. Chemical Engineering Journal, 2017, 322: 611-617.

[134] Wu M, Guo H, Lin Y N, et al. Synthesis of highly effective vanadium nitride (VN) peas as a counter electrode catalyst in dye-sensitized solar cells [J]. The Journal of Physical Chemistry C, 2014, 118 (24): 12625-12631.

[135] Dong S, Chen X, Zhang X, et al. Nanostructured transition metal nitrides for energy storage and fuel cells [J]. Coordination Chemistry Reviews, 2013, 257 (13/14): 1946-1956.

[136] Hanumantha P J, Datta M K, Kadakia K, et al. Vanadium nitride supercapacitors: effect of processing parameters on electrochemical charge storage behavior [J]. Electrochimica Acta, 2016, 207: 37-47.

[137] Liu H H, Zhang H L, Xu H B, et al. In situ self-sacrificed template synthesis of vanadium nitride/nitrogen-doped graphene nanocomposites for electrochemical capacitors [J]. Nanoscale, 2018, 10 (11): 5246-5253.

[138] Wang R, Lang J, Zhang P, et al. Fast and large lithium storage in 3D porous VN nanowires-graphene composite as a superior anode toward high-performance hybrid supercapacitors [J]. Advanced Functional Materials, 2015, 25 (15): 2270-2278.

[139] Guo J, Zhang Q, Sun J, et al. Direct growth of vanadium nitride nanosheets on carbon nanotube fibers as novel negative electrodes for high-energy-density wearable fiber-shaped asymmetric supercapacitors [J]. Journal of Power Sources, 2018, 382: 122-127.

[140] Qiu Y, Zhang S, Lee J W, et al. Self-lubricating CrAlN/VN multilayer coatings at room temperature [J]. Applied Surface Science, 2013, 279: 189-196.

[141] Daodon W, Premanond V, Wongpisarn W, et al. Vanadium nitride and titanium nitride coatings for anti-galling behavior in ironing of aluminum alloy cups [J]. Wear, 2015, 342: 279-287.

[142] Escobar C A, Caicedo J C, Aperador W. Corrosion resistant surface for vanadium nitride and hafnium nitride layers as function of grain size [J]. Journal of Physics and Chemistry of Solids, 2014, 75 (1): 23-30.

[143] Chun S Y. Effect of inductively coupled plasma on the properties of nanocrystalline vanadium nitride films for corrosion resistant surface [J]. Journal of Nanoscience and Nanotechnology, 2018, 18 (3): 2258-2261.

[144] Chun S Y. Inductively coupled plasma assisted magnetron sputtered nanocrystalline vanadium nitride coatings for corrosion protective molds [J]. Journal of Nanoscience and Nanotechnology, 2017, 17 (6), 4308-4311.

[145] Dowing J H, Merkert R F. Vanadium containing addition agent and process for producing same [P]. US: 3334992, 1967.

[146] Merker R F. Method of producing a composition containing a large amount of vanadium and nitrogen [P]. US: 4040814, 1977.

[147] Goddard J B, Merkert R F. Preparation of low-carbon vanadium nitride [P]. US: 4562057, 1985.

[148] Tripathy P K, Arya A, Bose D K. Preparation of vanadium nitride and its subsequent metallization by thermal decomposition [J]. Journal of Alloys and Compounds, 1994, 209 (1/2): 175-180.

[149] 杨志. 氮化钒合金连续生产的方法及其装置 [P]. CN: 1478915A, 2004.

[150] Buker D O, Merrill T W. Process for making vanadium carbide briquettes [Z]. Google Patents, 1967.

[151] 杨勇, 吴伟, 刘浏. 五氧化二钒制备碳氮化钒的试验研究 [J]. 钢铁钒钛, 2018, 39 (2): 25-31.

[152] 于三三, 付念新, 高峰, 等. 一步法合成碳氮化钒的研究 [J]. 钢铁钒钛, 2007, 28 (4): 1-5.

[153] 于三三, 付念新, 高峰, 等. 一步法合成碳氮化钒过程中工艺参数的影响 [J]. 全国博

士生学术论坛——冶金工程分论坛，2006.

[154] 邹建新，李亮．钒钛产品生产工艺与设备［M］. 北京：化学工业出版社，2014.

[155] 丁喻．一种氮化钒生产中的加热设备工业微波炉［P］. CN：1562770A，2006.

[156] Middelhoek S. Process for the preparation of vanadium (carbo) nitride [P]. US：3745209，1973.

[157] Middelhoek S. Process for the preparation of vanadium oxycarbide，oxynitride and oxycarbonitride [P]. US：3872136，1975.

[158] Choi J G，Ha J，Hong J W. Synthesis and catalytic properties of vanadium interstitial compounds [J]. Applied Catalysis A：General，1998，168 (1)：47-56.

[159] Kapoor R，Oyama S T. Synthesis of high surface area vanadium nitride [J]. Journal of Solid State Chemistry，1992，99 (2)：303-312.

[160] Yang Z，Cai P，Chen L，et al. A facile route to VN and V_2O_3 nanocrystals from single precursor NH_4VO_3 [J]. Journal of Alloys and Compounds，2006，420 (1/2)：229-232.

[161] Chen L，Gu Y，Shi L，et al. A room-temperature synthesis of nanocrystalline vanadium nitride [J]. Solid state communications，2004，132 (5)：343-346.

[162] Hong Y C，Shin D H，Uhm H S. Production of vanadium nitride nanopowders from gas-phase $VOCl_3$ by making use of microwave plasma torch [J]. Materials Chemistry and Physics，2007，101 (1)：35-40.

[163] Chu X，Barnett S A，Wong M S，et al. Reactive magnetron sputter deposition of polycrystalline vanadium nitride films [J]. Journal of Vacuum Science & Technology A：Vacuum，Surfaces，and Films，1996，14 (6)：3124-3129.

[164] PieteráDekker J，ávan der Put P J. Vapour-phase synthesis of titanium nitride powder [J]. Journal of Materials Chemistry，1994，4 (5)：689-694.

[165] Li Y，Gao L，Li J，et al. Synthesis of nanocrystalline chromium nitride powders by direct nitridation of chromium oxide [J]. Journal of the American Ceramic Society，2002，85 (5)：1294-1296.

[166] Herle P S，Hegde M S，Vasathacharya N Y，et al. Synthesis of TiN，VN，and CrN from ammonolysis of TiS_2，VS_2，and Cr_2S_3 [J]. Journal of solid state chemistry，1997，134 (1)：120-127.

[167] Shaffer P T. Plenum press handbooks of high-temperature materials [M]. New York：Plenum press，1964.

[168] 刘建，王华昆，宋立秋，等．钒氮微合金化高强度钢的研究及应用［J］. 四川冶金，2006 (1)：24-27.

[169] 陈伟，施哲，赵宇．氮化硅锰，钒氮合金生产 HRB500E 高强度抗震钢筋应用研究［J］.

热加工方法，2010（4）：35-39.

［170］张光德，刘伟辉，谭国臣．氮化钒铁工业化中试及其应用研究［J］．中国高新技术企业，2012（26）：38-40.

［171］Grishchenko S G，Matvienko V A，Sarankin V A. Development and introduction of the production of nitrided ferrovanadium at zaporozhe ferroalloy plant［J］. Stal，1982，7：42-44.

［172］Franke H，Breuer F，Fuchs A. Nitrogen-bearing sintered products and melted alloys［J］. Neue Hutte，1966，11（10）：604-606.

［173］孙国会，梁连科．国内外氮化钒铁及氮化钒制备情况简介［J］．铁合金，2000（1）：44-47.

［174］穆宏波，周宗权．氮化钒铁的研制［J］．钢铁钒钛，1996（3）：51-55.

［175］张明远，杜勇，杨治立．钒铁氮化的方法研究［J］．中国稀土学报，2012：728-733.

［176］Krastev D. Nitriding of ferroalloys［C］. VIth International Metallurgical Congress，Ohrid，2014.

［177］Zharnitskii M D. Thermodynamic analysis of the plasma nitriding of ferrovanadium［J］. Izvestiya Vysshikh Uchebnykh Zavedenii，Chernaya Metallurgiya，1983，5：39-42.

［178］Wada H，Gunji K，Wada T. Solubility of nitrogen in molten Fe-V alloy［J］. Transactions of the Iron and Steel Institute of Japan，1969，9（5）：339-403.

［179］Pomarin Y M，Grigorenko G M，Lakomskiy V I. Solubility of nitrogen in liquid-iron alloys with vanadium or niobium［J］. Russian Metallurgy，1975，5：61-65.

［180］Nemchenko V P，Pigasov S E，Popel S I. Nitriding of liquid ferroalloys in ladles with a porous base［J］. Stal，1976，10：37-39.

［181］Nemchenko V P，Pigasov S E，Popel S I，et，al. Nitriding of molten ferroalloys in ladies with porous bottom［J］. Stal，1982，7：37-39.

［182］Liu W，Dong K，Zhu R. Preparation of nitrogenous ferrovanadium by gaseous nitriding in the liquid phase ferrovanadium［C］. 5th International Symposium on High-Temperature Metallurgical Processing，2014：185-192.

［183］Ziatdinov M K，Shatokhin I M. Self-propagating high-temperature synthesis of ferrovanadium nitride for use in smelting high-strength low-alloy steels［J］. Steel in Translation，2009，39（11）：1005-1011.

［184］王声宏，刘克忠，晋心翠，等．采用自蔓延高温合成方法生产氮化钒铁的方法［P］．CN：101824556A，2010.

［185］王声宏，张英才，孔祥玖，等．一种燃烧合成制备 50 氮化钒铁的生产方法［P］．CN：1873036，2006.

［186］王声宏，隋玉俭，张英才，等．一种燃烧合成制备含氮 80 钒铁的生产方法［P］．CN：

1598019, 2005.

[187] 赵小平，王永钢，任俊．自蔓延燃烧法制取氮化钒铁方法研究［J］．铁合金，2017（3）：22-26.

[188] Braverman B S, Maksimov Y M, Tsybul'nik Y V. Possibility of nitriding industrial ferroalloys in a nitrogen-containing gas flow [J]. Combustion, Explosion, and Shock Waves, 2012, 48 (6): 734-735.

2 碳热还原氮化法制备氮化钒铁

氮化钒铁是世界钒资源消耗的主要形式之一，其主要制备方法有固态渗氮法、液态渗氮法和高压自蔓延合成法[1-18]。这些方法皆以钒铁为原料，并存在某些不足：以钒铁为原料，而钒铁是通过硅热或者铝热反应 V_2O_5 得到的，制备流程过长；在制备钒铁的过程中，肯定会有一定量的硅或者铝被带到钒铁中，品质不高；制备为渗氮过程，产品表面的氮含量远远高于底部，成分不均匀。本章提出一种新方法制备高品质氮化钒铁，即碳热还原氮化法，以满足钢铁冶炼的标准，改善钒的使用现状。与传统方法相比，该方法直接以五氧化二钒作为钒源，不仅会大幅地缩短生产氮化钒铁流程，而且可以避免杂质元素的引入，如硅、铝等，进而大幅的提高氮化钒铁的质量。

研究过程中，探索配碳比、反应温度、氮分压、反应时间、升温制度等反应参数的改变对碳热还原氮化法制备得到的氮化钒铁的成分、密度、微观形貌和宏观形貌的影响，获得最优的制备参数，以期制备出成分均匀且密度较高的氮化钒铁合金。本章将分别介绍以三氧化二铁和四氧化三铁作为铁源的情况。

2.1 以三氧化二铁为铁源

2.1.1 实验原料和方法

本节采用五氧化二钒作为钒源（V_2O_5，纯度 99.6%），三氧化二铁作为铁源（Fe_2O_3，纯度 99.6%），石墨（C，纯度 99.85%）作为还原剂。V_2O_5 的物相图谱如图 2-1 所示，可以清楚地看到，购买的原料的主峰与标准卡片（No. 41-1426）完全重合，没有发现其他杂质物相的衍射峰，晶体结构属于斜方晶系。另外，粉末的原始形貌如图 2-2 所示，图中分别为放大 500 倍和 20000 倍的五氧化二钒颗粒形貌。由图 2-2 可知，V_2O_5 颗粒大致呈现柱状，长度大于 10 μm，表明比较粗糙且不光滑，看上去似乎是由无数个小颗粒聚集而成。

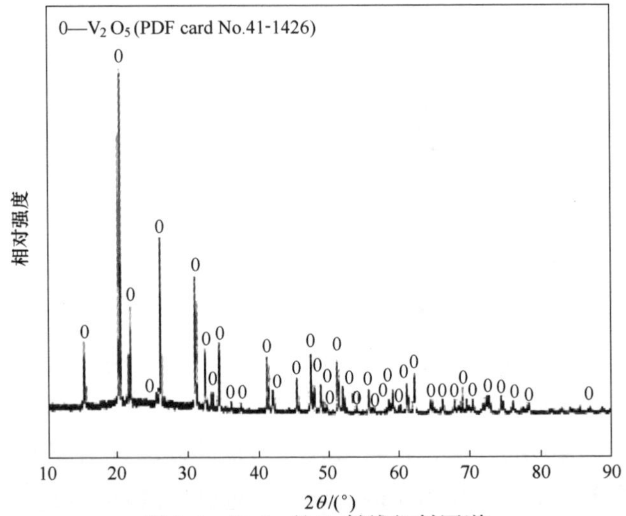

图 2-1 V_2O_5 的 X 射线衍射图谱

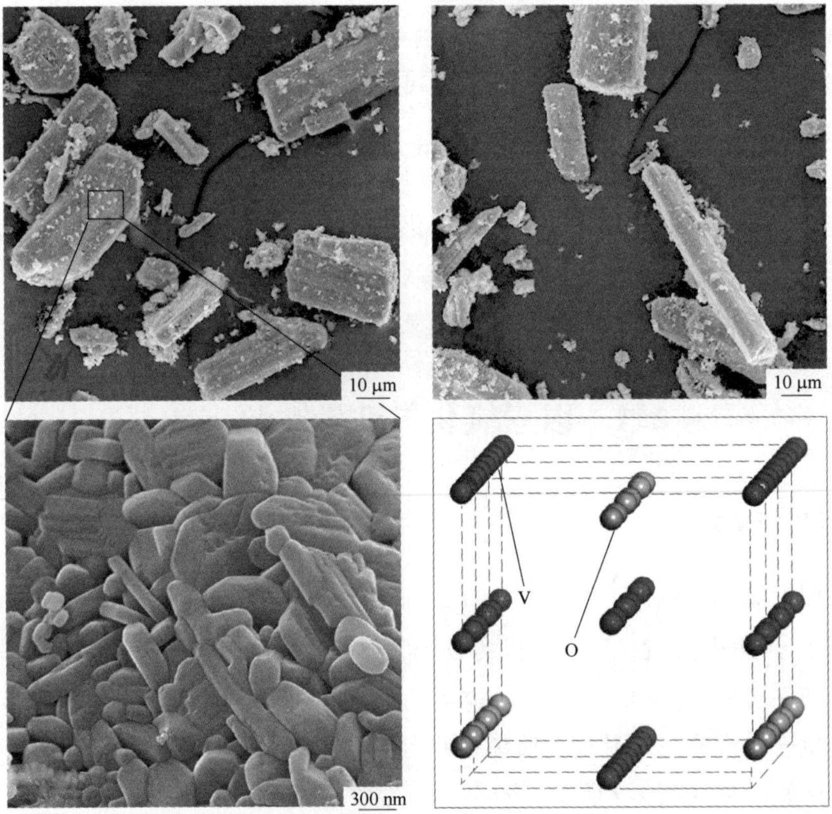

扫一扫
查看彩图

图 2-2 V_2O_5 的原始形貌图

本实验通过使用程序升温反应技术制备氮化钒铁，制备流程如图 2-3 所示。

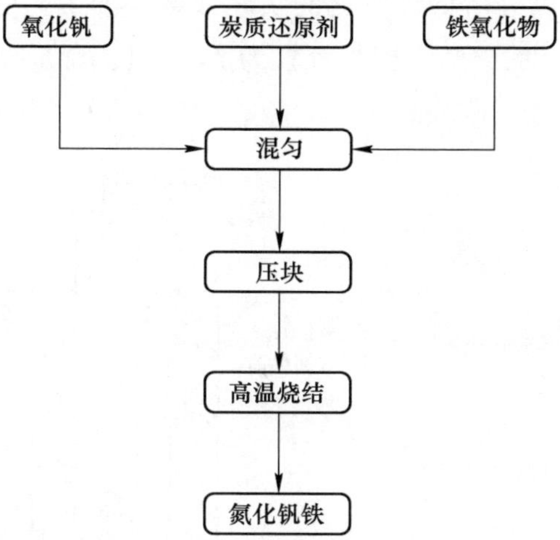

图 2-3 碳热还原氮化法制备氮化钒铁流程图

具体操作如下：根据化学反应式（2-1）以及各个牌号的氮化钒铁的成分要求，开始进行配料，将 V_2O_5、Fe_2O_3 石墨在混合器中均匀混合，以确保混合物均匀化，然后在 250 MPa 的压力下，使用直径为 18 mm 的圆柱形不锈钢模具将混合物进行压块，得到的圆柱形块体的总质量约为 30 g。

$$V_2O_5 + Fe_2O_3 + 8C + N_2 = 2VN + 2Fe + 8CO \quad (2\text{-}1)$$

实验加热设备为竖式气氛保护硅钼炉，实验装置如图 2-4 所示。装置主要由加热装置、脱水装置、气体控制装置及气源构成。双铂铑热电偶（铂铑 30-铂铑 6）作为测温器件。

将轧制好的圆柱片放入氧化铝坩埚中，然后将坩埚放入硅钼炉中，硅钼炉开始升温。下面是实验过程中一个典型的升温制度，主要被分为三个阶段：第一阶段，为了降低钒损失，圆柱片将会在 N 的保护下在 923 K 左右预还原 2 h；第二阶段，继续提高到目标温度并保持恒定 3 h；第三阶段，炉温开始降温至1373 K 并保持恒定 3 h，如图 2-5 所示。整个碳热还原氮化过程中，升温或者降温速率恒定是 5 K/min，而且 N 气氛一直以 400 mL/min 的速率通入高温炉中。当反应完成后，快速取出样品，并且吹 Ar 冷却。表 2-1 为制备 FeV45N 合金的不同实验条件，其中 C/O 摩尔比（氧含量定义为 V_2O_5 和 Fe_2O_3 中的氧）分别为化学计量值的 75%、80%、85%、90% 和 100%。第二阶段的碳热还原氮化温度为 1673~1873 K，恒温时间为 1~3 h。为了区分不同温度下的氮化效应，根据实验方法的不同，将实验分为两组：第一组遵循上述方法；而在另一组中，样品直接取出，没有第三反应阶段，以分析低温氮化的实际效果。本工艺中反应气氛为 N_2，含量（质量分数）高于 99.95%；保护气氛为 Ar 气氛，含量高于 99.999%。

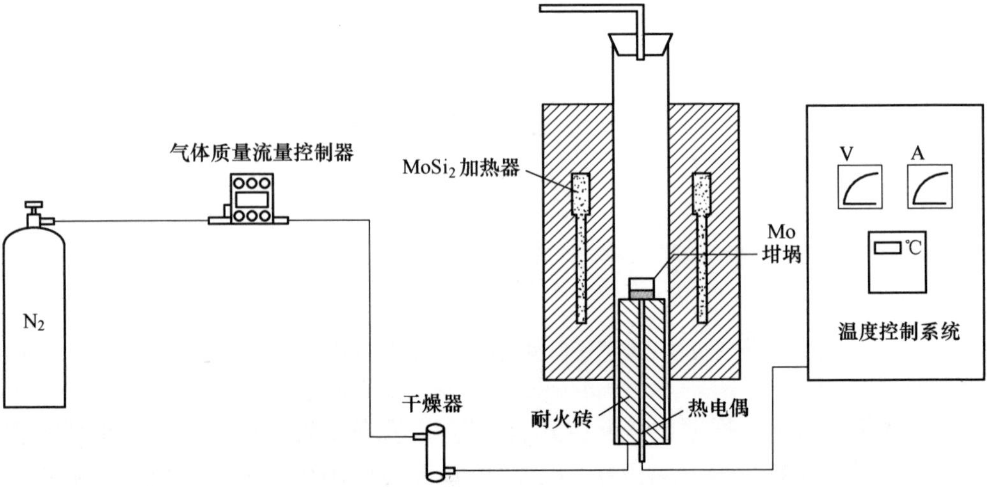

图 2-4 高温可控竖式气氛硅钼炉

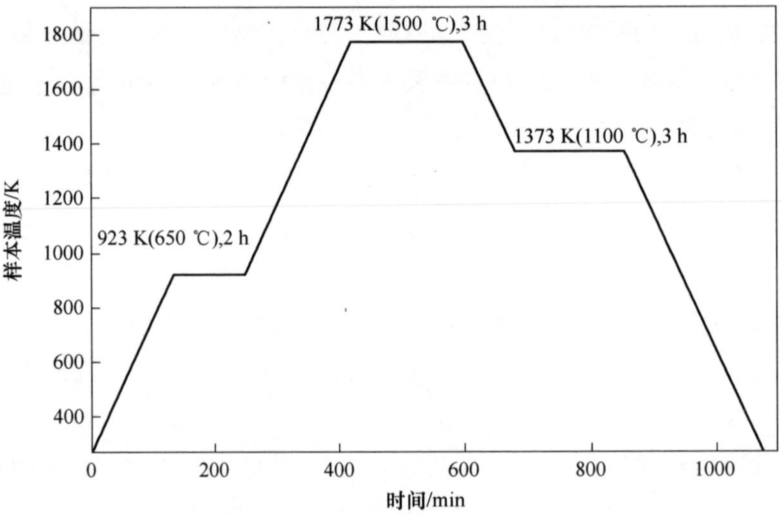

图 2-5 典型实验升温制度图

表 2-1 制备 FeV45N 合金的不同实验及其条件

组别	编号	C/O 摩尔比/%	反应温度/K
组 1	1-1	100	1773
	1-2	90	1773
	1-3	85	1773
	1-4	82.5	1773
	1-5	80	1773
	1-6	75	1773
	1-7	70	1773
组 2	2-1	100	1773
	2-2	100	1673
	2-3	80	1673
	2-4	80	1773
	2-5	80	1873

碳热还原氮化反应得到的产物经 X 射线衍射检测确定其成分组成，然后根据阿基米德排水法测量反应产物的密度；用铁研钵将块体砸碎，并研磨至 75 μm（200 目）过筛，筛后粉末分别测量其 C 含量、N 含量和 O 含量；最后，利用 SEM 检测微观结构。但是在检测之前，将三乙醇胺和环氧树脂装进烧杯并混合均匀（质量比为 1∶9），开始加热液体，当液体黏度接近于水，停止加热。将样品放入 PVA 管的底部，然后将环氧树脂和三乙醇胺的液体倒入管中。为了使液体凝固，将 PVA 管在 353 K 下烘烤 12 h，然后对样品进行打磨和抛光，以除去覆盖在氮化钒铁表面上的有机物质，并通过超声波清洗样品表面的颗粒。

为了研究高温碳热还原氮化过程中 N_2 分压对氮化钒铁的物相的影响，配入不同比例的 Ar，以达到控制反应 N_2 分压的目的。研究中，变量 N_2 分压介于 0.1 atm和 1 atm（1 atm＝101325 Pa）之间。

2.1.2 物相分析

配碳量的高低对最终样品的成分及物相的影响极大。图 2-6 分析了当反应温度为 1773 K 时，C/O 摩尔比（O 含量定义为 V_2O_5 和 Fe_2O_3 中的 O 含量）对最终 FeV45N 的组成的影响。当 C/O 摩尔比为 70% 时，反应产物中除了 VN 相（a ＝4.139 Å，1 Å＝10^{-10} m）和 Fe 相（JCPDS 6-696）的特征峰，还有比较低的 V_2O_3 的特征峰出现。这说明低 C/O 摩尔比不能提供足够的还原性碳，碳热还原氮化反应不能完全进行。随着 C/O 摩尔比的提高，V_2O_3 的特征峰消失，仅有 VN 和 Fe 相的特征峰可以被检测到，进而说明通过碳热还原氮化法制备得到的最终产品为氮化钒铁。结合 XRD 谱图和文献，始终有少量的 C 和 O 固溶在 VN 相里面，严格地来说，反应产物的实际物相组成应该是 Fe 和 V(C,N,O)。众所周知，VN、VO 和 VC 均属于典型面心立方结构，而且 C、N 和 O 原子的半径近似一样，使它们极易形成一个连续固溶体。但是由于 VO、VC 和 VN 的 XRD 特征峰十分接近，难以利用 XRD 谱图来证明这些连续固溶体的存在，V-C-N-O 体系的物理化学性质的缺乏也是问题之一，这也解释了图 2-6 中当 C/O 摩尔比在 0.7~1 变化时，XRD 谱图上对应的含钒相始终是 VN 相。

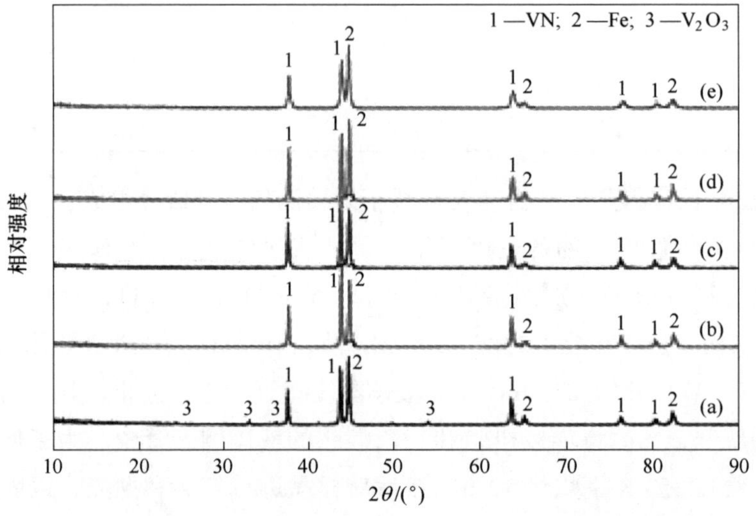

图 2-6 C/O 摩尔比对最终 FeV45N 物相的影响（1773 K）

(a) C/O=0.7；(b) C/O=0.75；(c) C/O=0.8；(d) C/O=0.9；(e) C/O=1

在 1773 K 下，当 C/O 摩尔比为 80% 时，不同 N_2 分压下制备得到最终 FeV45N 合金的物相不同，结果如图 2-7 所示。当 N_2 分压高于 0.4 atm 时，图谱的特征峰基本属于 Fe 相和 VN 相的，意味着即使当 N_2 分压低至 0.4 atm，碳热还原氮化法制备氮化钒铁过程依旧可以反应完全；然而当 N_2 分压降低到 0.1 atm 时，除了 Fe 和 VN 的峰，还存在较低的 V_2O_3 的特征峰；当 N_2 分压过低，还原反应与氮化反应可能无法同时进行，部分碳热还原氮化复合反应转变成单一的碳热还原反应，也可能是因为氮化反应速率太慢。这也说明碳热还原氮化实验过程中，N_2 分压不宜过低，以保证氮化反应的进行。为减小 N_2 分压的影响，方便碳热还原氮化实验的进行，本实验基本是恒定保持在 1 atm（1 atm=101325 Pa）的 N_2 分压下进行的。

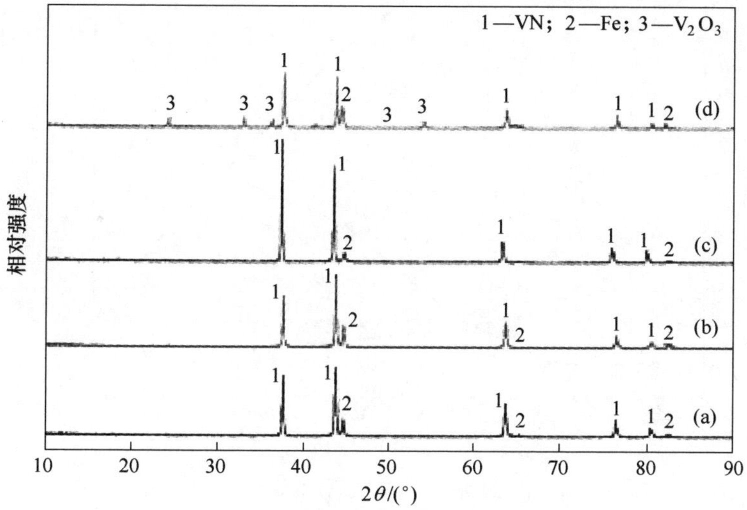

扫一扫

查看彩图

图 2-7 N_2 分压对最终 FeV45N 物相的影响（1773 K，C/O 摩尔比为 80%）

（a）1 atm；（b）0.7 atm；（c）0.4 atm；（d）0.1 atm

2.1.3 成分分析

图 2-8 所示是当反应温度为 1773 K 时，不同 C/O 摩尔比制备得到 FeV45N 合金的成分分析结果。配碳量的加入对 FeV45N 合金最终的 N 含量、C 含量和 O 含量具有极其重要的影响。从图 2-8 中可以看到，随着 C/O 摩尔比的提高，样品的 N 含量逐渐增加，但当达到一个极值后开始逐渐降低。样品的 O 含量则随着 C/O 摩尔比的提高一直降低，并且最终保持在一个 1%左右的水平；相反，C 含量则逐渐增加。当 C/O 摩尔比低于 80%时，样品中残余 C 含量一直处于极低水平，基本趋近于 0。根据 FeV45N 的《氮化钒铁》（GB/T 30896—2014)，高品质的 FeV45N 合金的 N 含量（质量分数）需要高于 9%，而 C 含量应当低于 0.6%。图 2-8 中只有当 C/O 摩尔比为 80%和 85%时产品 N 含量高于 9%；但是当 C/O 摩尔比为 85%时，产品残余 C 含量为 1.44%，因此最佳 C/O 摩尔比值可以确定为 80%。当 C/O 摩尔比为 80%时，FeV45N 合金的 C 含量、N 含量和 O 含量分别为 0.012%、11.36%和 1.72%。

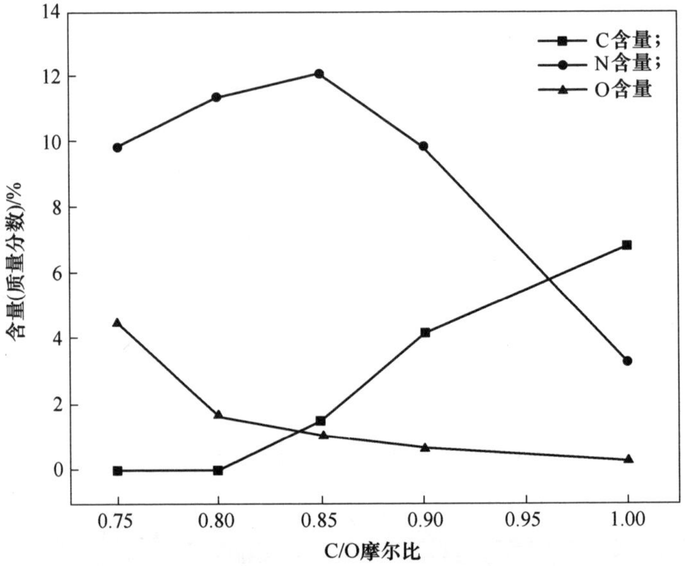

图 2-8　C/O 摩尔比对最终 FeV45N 成分的影响（1773 K）

如图 2-9 和表 2-2 所示，在最佳 C/O 摩尔比（80%）条件下，研究了反应温度和升温制度对 FeV45N 合金的 C 含量、O 含量和 N 含量的影响。高温碳热还原氮化温度对最终产品的 C 含量、O 含量和 N 含量影响不大。理论上，碳热还原反应过程是一个吸收热量的过程，升温可以改善反应的进行速度，但是提高反应温度，FeV45N 合金的 N 含量提高并不明显，因此通过升温提高产品 N 含量并不是最好的选择。在氮化钒铁制备过程中，需要综合考虑工艺的成本及产品质量，如果没有特殊需求，应适当地降低反应温度。

表 2-2　最佳 C/O 摩尔比下温度对 FeV45N 合金的成分的影响

反应温度/K	反应时间/h	含量（质量分数）/%		
		N	C	O
1673	3	10.83	0.031	1.31
1773	3	11.2	0.015	1.62
1873	3	11.61	0.037	1.11

根据 FactSage 7.0 分析，高温渗氮过程是一个放热过程，降低氮化温度促进产品 N 含量的提高，因此按照图 2-9 所示的升温制度进行升温。分析了低温氮化过程对产品 N 含量的影响，从中发现，高温反应后的 FeV45N 合金在 1373 K 下继续反应 3 h 的 C 含量、O 含量和 N 含量基本保持不变，这说明氮化过程主要是

在高温碳热还原的时候同时进行的，低温处理没有得到预期的结果因此后续实验研究没有必要进行低温渗氮阶段。

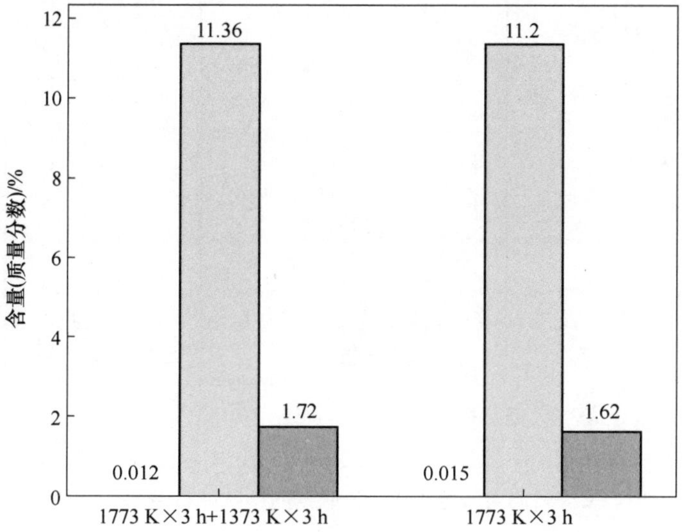

图 2-9 最佳 C/O 摩尔比下升温制度对 FeV45N 合金成分的影响

在上述结果的基础上，又分析了反应时间对 FeV45N 的产品成分的影响，结果如图 2-10 所示。在相同温度下，样品反应 1 h 和 3 h 的 C 含量、O 含量和 N 含量基本保持不变，说明整个碳热还原氮化过程的反应速度较快，60 min 内碳热还原氮化反应可以基本完成，缩短高温碳热还原氮化时间，可以降低生产成本。

表 2-3 是利用碳热还原氮化法制备得到 FeV45N 合金的成分与《氮化钒铁》（GB/T 30896—2014）对 FeV45N 成分的要求的对比。可以看出，由碳热还原氮化法制备得到的 FeV45N 合金的 N 含量较高而对应的 C 含量（质量分数）低至 0.012%。另外，在《氮化钒铁》（GB/T 30896—2014）中，FeV45N 合金的 Si 含量和 Al 含量需要分别低于 3% 和 2.5%。之所以对 Si 含量和 Al 含量有要求，是因为现有工业生产工艺主要是以钒铁为生产原料，而钒铁是通过硅热反应或者铝热反应 V_2O_5 得到的。在制备钒铁的过程中，肯定会有一定量的 Si 或者 Al 被带到钒铁中。但是本工艺直接以 V_2O_5 为原料，不会有其他含 Si 或者含 Al 的物质添加到反应体系里，避免了 Si 或者 Al 的引入。此外，本工艺还将 FeV45N 合金的 O 含量控制在一个较低的水平。因此相比传统的生产方法，碳热还原氮化路线不仅缩短了生产流程，降低了成本，还能够制备更高质量的 FeV45N 合金。

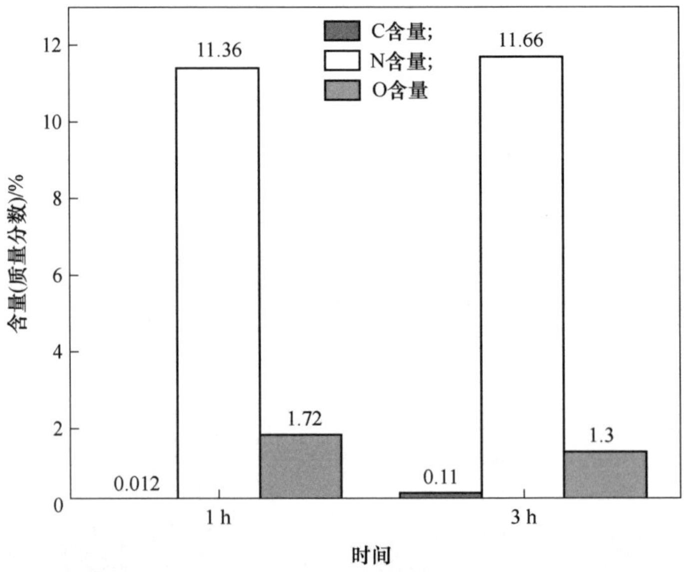

图 2-10 反应时间对最终 FeV45N 成分的影响（C/O 摩尔比为 80%）

表 2-3 碳热还原氮化法所得 FeV45N 合金的成分与国标成分对比

（质量分数/%）

元　素	N	C	O	Si	Al
《氮化钒铁》(GB/T 30896—2014)	9~12	<0.5	—	<3	<2.5
目前生产	11.36	0.012	1.72	—	—

图 2-11 是当 C/O 摩尔比为 100% 时（即碳过量），反应温度和升温制度对 FeV45N 合金的最终成分的影响结果。从图中很容易看出，FeV45N 合金的 C 含量和 N 含量（质量分数）基本保持不变，分别维持在 3.3% 和 6.8%。因此当有大量残余碳存在的情况下，反应温度和升温制度对产品的最终 C 含量和 N 含量根本没有影响，此结果进一步证实了低温处理无法有助于产品中 N 含量的提高。

此外，通过碳热还原氮化法制备了 FeV55N 和 FeV65N 合金，并分析了 C/O 摩尔比对 FeV55N 合金和 FeV65N 合金的成分的影响。图 2-12 和图 2-13 分别为 1823 K 下 C/O 摩尔比对 FeV55N 合金和 FeV65N 合金的 N 含量、C 含量和 O 含量的影响。从图 2-12 和图 2-13 中可以看出，FeV55N 和 FeV65N 的 N 含量、C 含量和 O 含量的改变与图 2-8 的基本一致。提高 C/O 摩尔比，样品的 N 含量先逐渐增加再逐渐降低，在 C/O 摩尔比为 80% 时获得最高值；当 C/O 摩尔比低于 80%

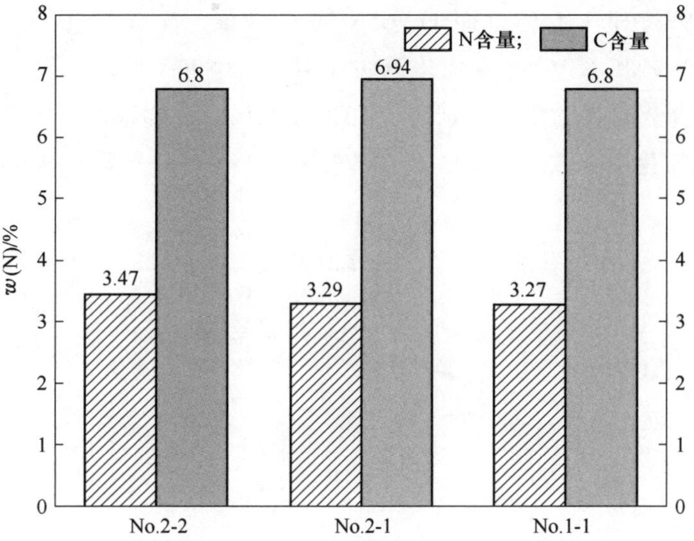

图 2-11　温度对最终 FeV45N 成分的影响（C/O 摩尔比为 100%）

（No. 2-2：1673 K；No. 2-1：1773 K；No. 1-1：1773～1373 K）

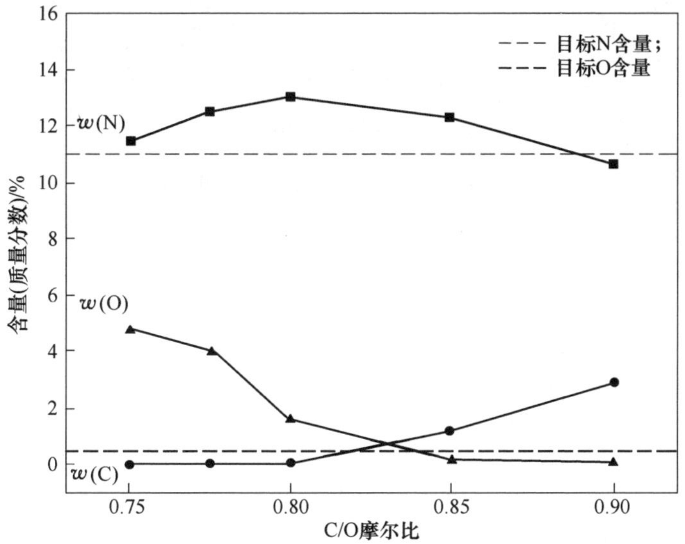

扫一扫

查看彩图

图 2-12　C/O 摩尔比对最终 FeV55N 成分的影响（1823 K）

时，残留在样品中的 C 含量基本接近 0；相反，随着 C/O 摩尔比的提高，O 含量则逐渐降低，并最终保持在 1% 左右。很显然，根据氮化钒铁国家标准对成分的要求，制备 FeV55N 和 FeV65N 合金的最佳 C/O 摩尔比都为 80%。当 C/O 摩尔比为 80% 时，FeV55N 合金的 C 含量、N 含量和 O 含量（质量分数）分别为

0.023%、12.99%和1.54%，而FeV65N的C含量、N含量和O含量分别为0.066%、16.19%和1.36%。《氮化钒铁（GB/T 30896—2014）要求FeV55N合金和FeV65N合金的N含量应分别高于10%和11%，C含量均低于0.5%。因此通过碳热还原氮化法合成的FeV45N、FeV55N和FeV65N合金的成分能够完全达到要求。

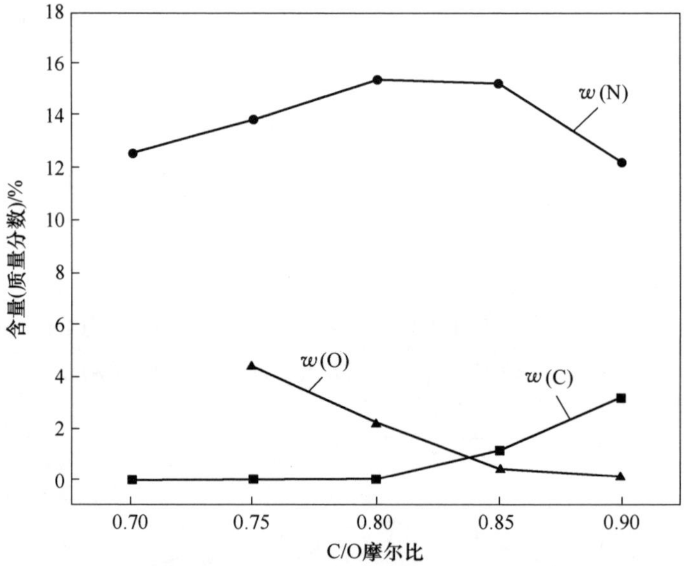

图 2-13　C/O 摩尔比对最终 FeV65N 成分的影响（1823 K）

2.1.4　宏观及微观形貌分析

图2-14展示了1823 K下制备得到的FeV45N、FeV55N和FeV65N合金的宏观形貌。从图2-14中看到，通过碳热还原氮化法制备得到的FeV45N、FeV55N和FeV65N合金皆为致密的块体，强度较高，表面具有金属光泽。通过肉眼观察表面，可以观察到光亮区域和土黄色区域，这两区域相互包裹，分布比较均匀，分别代表Fe相和氮化钒相。相比于FeV45N合金，FeV65N合金表面的金属光泽较少，类似于一个土黄色块体。

通过阿基米德排水法分别测量了这3种牌号的氮化钒铁合金的密度，其结果见表2-4。根据表2-4可知，FeV45N、FeV55N和FeV65N合金的表观密度分别为5.44 g/cm^3、5.27 g/cm^{3}和4.8 g/cm^3，都超过表1-2中国家标准对各个牌号的氮化钒铁密度的要求，因此碳热还原氮化法确实能够制备出符合国家标准的氮化钒铁。

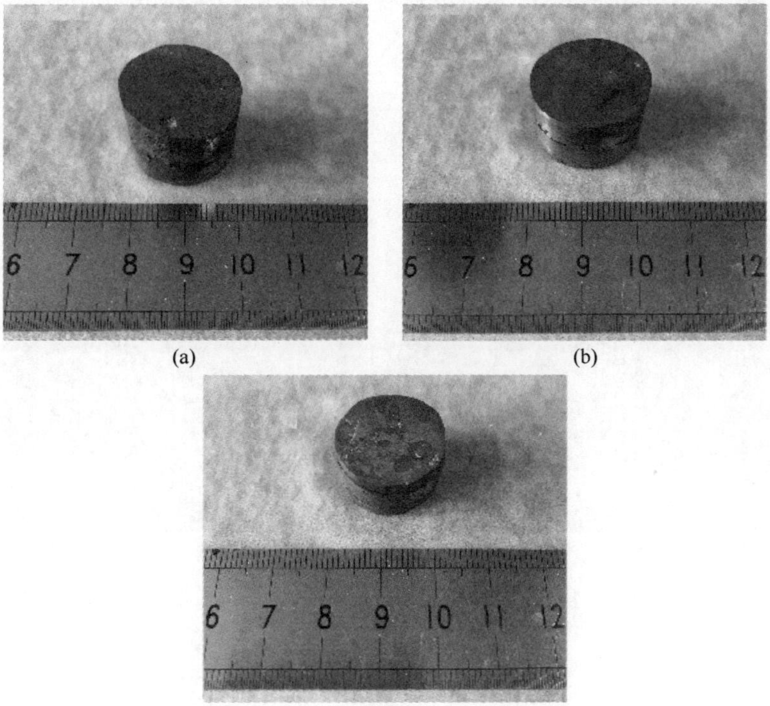

(a) (b) (c)

图 2-14 各个牌号的氮化钒铁的宏观形貌图

（a）FeV45N；（b）FeV55N；（c）FeV65N

表 2-4 氮化钒铁合金的表观密度

牌 号	实际密度/(g · cm^{-3})	标准要求/(g · cm^{-3})
FeV45N	5.44	5.4
FeV55N	5.27	5.0
FeV65N	4.8	4.6

图 2-15 是在不同温度条件下反应 3 h 得到的氮化钒铁的微观结构形貌图。从图中可以看出有两相的存在，其中亮色地方是 Fe 相而浅灰色地方是 VN 相，黑色地方则是充满镶样树脂的孔隙。当反应温度为 1623 K 和 1723 K 时，VN 相对均匀地分布在 Fe 相的周围，但两相之间连接比较松散，存在大量孔洞。然而，当温度提高至 1823 K，这些孔洞变小，两相连接十分紧密，形成了致密的表面。该现象说明，高温有益于产品的致密度提高。另外，制备温度必须高于 Fe 的熔点；由于 C 的存在，会形成 Fe-C 共熔体，Fe 的熔点会大幅降低，因此结合上述

成分的分析，该方法的最佳制备温度应该在实际生产中 Fe 的熔点之上，并使其具有一定的流动性，大概为 1773～1823 K。

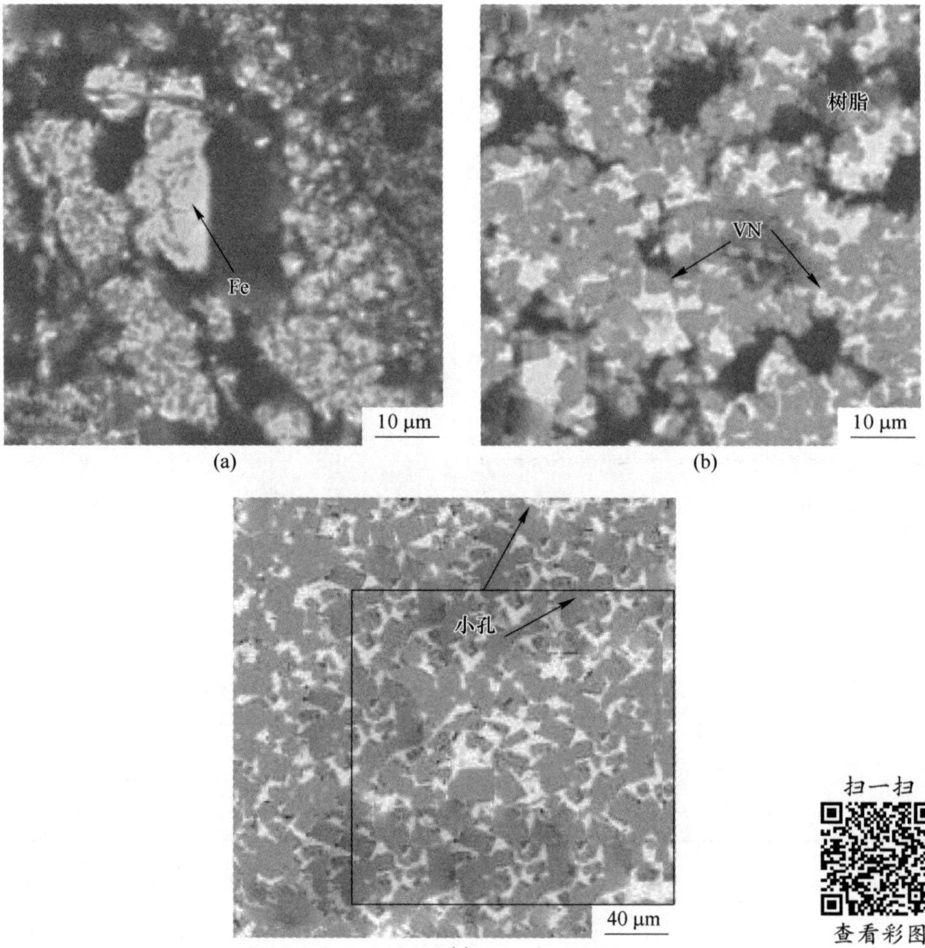

(c)

扫一扫
查看彩图

图 2-15　不同温度下得到的氮化钒铁产品的微观截面图（3 h）

（a）1623 K；（b）1723 K；（c）1823 K

为了更好地了解氮化钒铁中各元素的分布情况，对 1823 K 下得到的氮化钒铁的截面进行面扫，EDS 结果如图 2-16 所示。可以看出，V 和 O 元素基本完全重合，这与图 2-15 中亮灰色的区域是对应的，而 Fe 元素区域和 V 元素区域之间有一个明显的分界线。因为 VO、VC 和 VN 能够形成固溶体，所以可以看到 C 元素和 O 元素主要分布在 VN 相里。另外，Fe 相里也存在少量的 C 和 O。

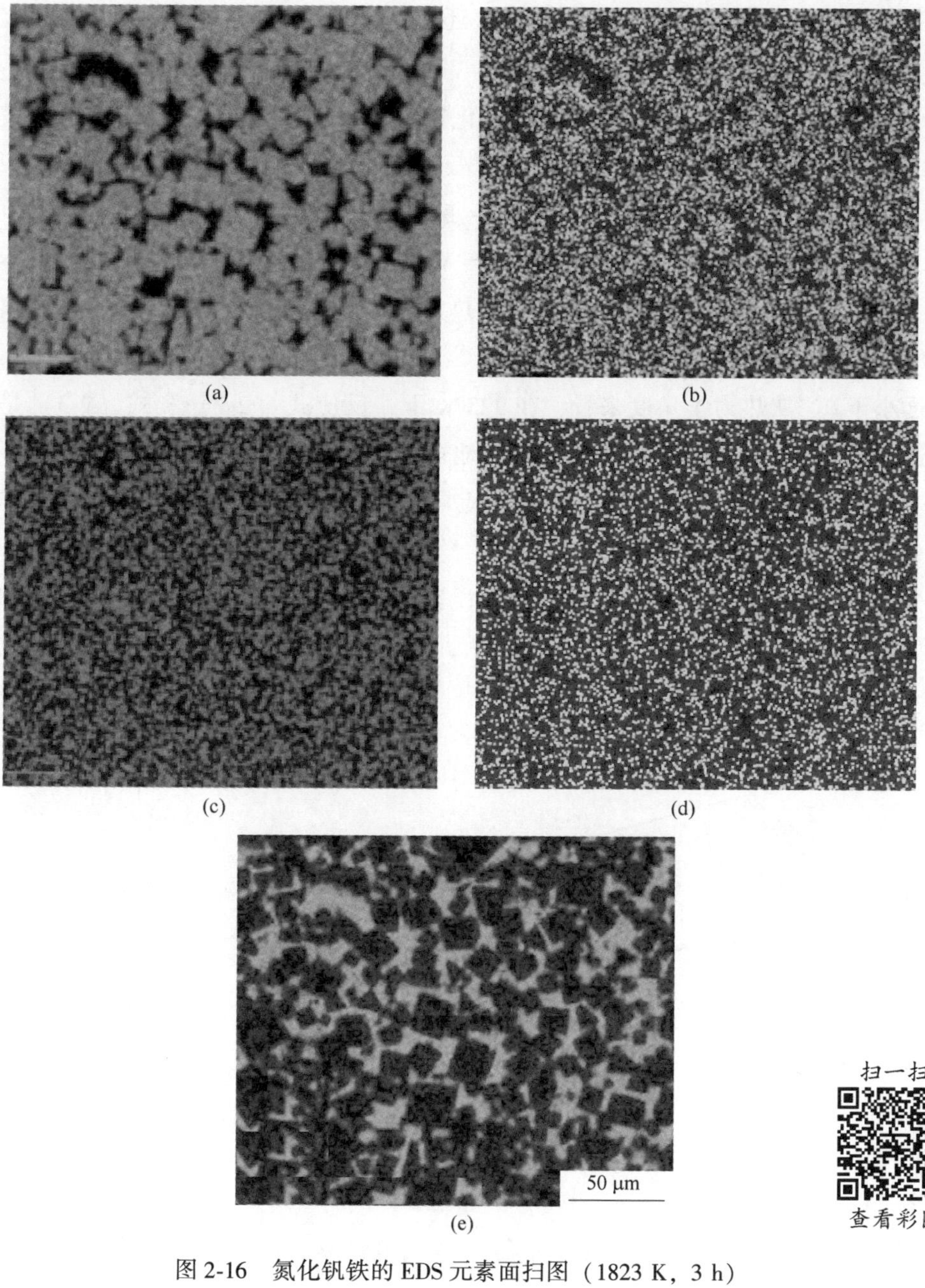

(e)

图 2-16 氮化钒铁的 EDS 元素面扫图（1823 K，3 h）

（a）V-KA；（b）N-KA；（c）O-KA；（d）C-KA；（e）Fe-KA

扫一扫

查看彩图

2.1.5 高温过程反应热力学

根据相关文献[19-22]及实验结果分析，碳热还原氮化法制备氮化钒铁工艺可

以分为 V_2O_5 还原至 V_2O_3、Fe_2O_3 的还原、V_2O_3 碳热还原氮化三个部分。Tripathy 等的文献中提到，在低温条件下，V_2O_5 的还原顺序依次为 $V_2O_5 \rightarrow VO_2 \rightarrow V_2O_3$[21]，因而在碳热还原氮化制备氮化钒铁的第一阶段，V_2O_5 应该会先被还原成 VO_2，然后进一步还原至 V_2O_3，其反应为

$$V_2O_5 + C \xlongequal{} 2VO_2 + CO\uparrow \tag{2-2}$$

$$2VO_2 + C \xlongequal{} V_2O_3 + CO\uparrow \tag{2-3}$$

如图 2-17 所示，通过 FactSage 7.0 热力学软件，得到了低价钒氧化物的碳热还原反应的标准吉布斯自由能变化。图 2-17 中发现，反应式（2-2）和式（2-3）的远小于 0。从热力学角度来看，在 923 K 下，反应式（2-2）和式（2-3）是可以进行的，即 V_2O_5 和 VO_2 可以很容易地被石墨还原至 V_2O_3。但是在 923 K 下，由于该反应的 $\Delta G^{\ominus}$ 远远大于 0，V_2O_3 很难被进一步碳热还原至 VO。众所周知，V_2O_5 拥有一个相对低的熔点（943 K），这使它会在高温反应中出现挥发，即钒损失。为了减少钒损失，在升温过程中设置了低温预处理阶段，也就是在 923 K 下反应 2 h，因此理论上，经过预处理后，钒源主要以钒的其他低价态氧化物的形式存在。

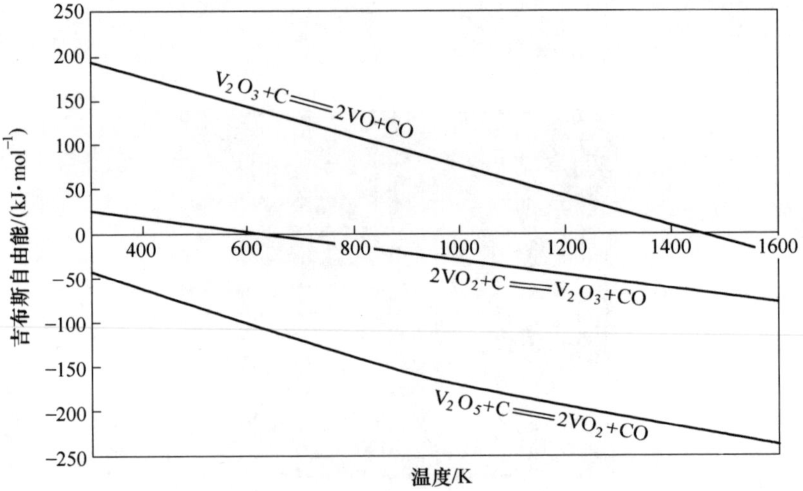

图 2-17 低价钒氧化物的碳热还原反应的标准吉布斯自由能变化

类似地，Fe_2O_3 的还原也按照式（2-4）反应

$$Fe_2O_3 + 3C \xlongequal{} 2Fe + 3CO \tag{2-4}$$

$$\Delta G = \Delta G^{\ominus} + 3RT\ln\left(\frac{p_{CO}}{p^{\ominus}}\right) = 472684.3 - 508.4T + 3RT\ln\left(\frac{p_{CO}}{p^{\ominus}}\right) \tag{2-5}$$

式（2-5）中，$\Delta G^{\ominus}$是通过 FactSage 7.0 计算得到的。当 $\Delta G^{\ominus}=0$ 时，$T=929.7$ K。因此在标准条件下，反应式（2-4）的起始反应温度为 929.7 K。但是，由于反应过程中，N_2 一直被通入炉子内，CO 的分压必定远远小于 1，该反应的起始反应温度实际上低于 929.7 K。

为了验证 Fe_2O_3 在碳热还原氮化过程中的影响，将 V_2O_5、C 和 Fe_2O_3 的混合物在 1373 K 的温度下反应 0.5 h，其物相结果如图 2-18 所示。从图 2-18 中可以看出，当炉温升至 1373 K 并恒温 0.5 h，Fe_2O_3 可以很快地被完全还原成单质铁，而且 V_2O_5 完全被还原成 V_2O_3，其中部分 V_2O_3 被进一步反应至 VN 相。结合热力学分析，Fe_2O_3 在碳热还原氮化法中可以很快被还原成 Fe。因此可以间接地认为 Fe_2O_3 并不参与钒氧化物的碳热还原氮化过程，在热力学上对 V_2O_5 的碳热还原反应影响程度很小，但是 Fe 的存在极有可能改变其反应动力学过程，将在第 3 章节中进一步分析铁在反应过程中的作用机理。

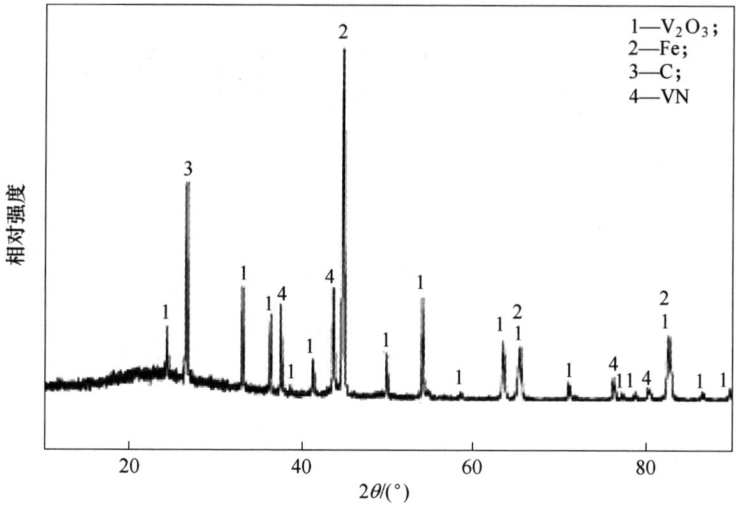

图 2-18 原料混合物在 1373 K 下反应 0.5 h 后样品的 XRD 谱图

在反应的最后一个阶段（即高温阶段），反应主要为 V_2O_3 碳热还原氮化反应，其反应式为

$$V_2O_3 + 3C + N_2 = 2VN + 3CO \quad (2\text{-}6)$$

通过 Factsage 7.0 计算，该反应的吉布斯自由能变化可以描述为

$$\Delta G = \Delta G^{\ominus} + RT\ln K_N \quad (2\text{-}7)$$

$$\Delta G^{\ominus} = 439320 - 337.6T \quad (2\text{-}8)$$

$$K_N = \frac{p_{CO}^3}{p_{N_2}} \tag{2-9}$$

$$p_{N_2} = 1 - p_{CO} \tag{2-10}$$

式中 K_N——方程式的平衡常数；

p_{N_2}——高温反应过程中的氮气分压，atm（1 atm=101325 Pa）；

p_{CO}——高温反应过程中的一氧化碳分压，atm；

T——反应的实际温度，K。

将式（2-8）至式（2-10）置入到式（2-7）中，可以获得反应式（2-6）的吉布斯自由能变化为

$$\Delta G = 439320 - 337.6T + RT\ln\frac{p_{CO}^3}{1 - p_{CO}} \tag{2-11}$$

当 $\Delta G=0$ 时，可以得到温度与 CO、N_2 的平衡压力之间的关系，并在图 2-19 中描述。

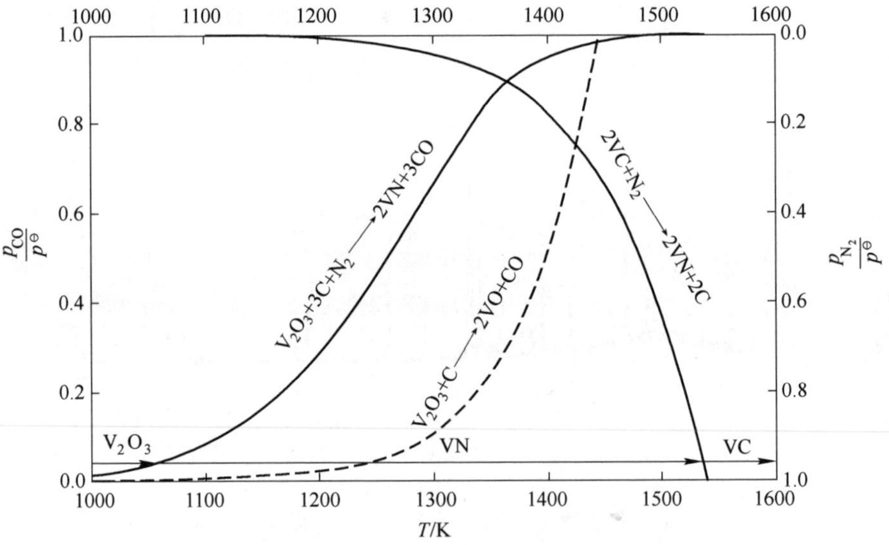

图 2-19 碳热还原氮化反应的温度与 CO、N_2 分压的关系

另外，式（2-12）和式（2-14）也用相同的方式描述，并显示在图 2-19 中。

$$2VN + 2C \longrightarrow 2VC + N_2 \tag{2-12}$$

$$\Delta G = 112249.3 - 72.9T + 0.5RT\ln\left(\frac{p_{N_2}}{p^\ominus}\right) \tag{2-13}$$

$$V_2O_3 + C \longrightarrow 2VO + CO \tag{2-14}$$

图 2-19 显示这个图被两条实线分成 V_2O_3、VC 和 VN 的优势区域，其中两条实线分别代表反应式（2-6）和式（2-12）。由于 N_2 气氛的引入，炉内的 CO 分压一直保持在一个较低水平。当温度接近 1048 K 时，V_2O_3 开始转变成 VN，然后当温度高于 1540 K，VN 能够进一步与 C 反应形成 VC。考虑到本流程反应温度基本高于 1773 K，过剩碳的存在必定会降低产品中 N 含量，最终形成 V(C,N,O) 固溶体，因此氮化钒铁中 C 含量越高，对应的 N 含量越低，这也解释了为什么氮化钒铁的 N 含量会随着 C/O 摩尔比的进一步增加而减小。另外，Tripathy 等认为 V_2O_3 是先还原成 VO，然后再碳热氮化还原成 VN[21]。从图 2-19 中可以看出，当 CO 分压极低时，反应式（2-6）的起始反应温度始终低于 V_2O_3 还原成 VO 的反应的起始反应温度。因此在碳热还原氮化制备氮化钒铁过程中，V_2O_3 的反应更倾向于按照反应式（2-6）进行，而不是先碳热还原至 VO 再生成 VN。

2.1.6 反应机理

基于上述实验结果和热力学分析，碳热还原氮化法制备氮化钒铁可以按照下面的步骤描述，如图 2-20 所示。首先，在低温条件下，V_2O_5 极易转换成其他价的氧化物，比如 VO_2 和 V_2O_3。随着温度的提高，Fe_2O_3 也被还原成单质 Fe，同时发生 V_2O_3 的碳热还原氮化反应。在这个过程里，C 原子扩散到 V_2O_3 颗粒的表面，大多数 C 原子与 O 原子发生反应，并以 CO 或者 CO_2 的形式逸出。同时 N 原子进入晶格，并置于原来 O 原子的方位，但是晶格内始终存在少量的 C 原子，而且将所有晶格 O 全部从晶格中脱去是非常困难的，因此最终物相 V(C,N,O) 固溶体形成，这已经在图 2-16 的 EDS 分析中证明了 C 和 O 主要存在于 VN 相中。所以整个碳热还原氮化过程的钒源的物相转变可以描述为 $V_2O_5 \rightarrow VO_2 \rightarrow V_2O_3 \rightarrow V(N,C,O)$，如图 2-21 所示。

在温度提升至 1823 K，单质 Fe 变成液相，并包围在 V(C,N,O) 颗粒周围以形成一个连接紧密的整体，而且残余在氮化钒铁中的 O 和 C 也保持在一个较低的水平。Tripathy 等制备了 N 含量、C 含量和 O 含量（质量分数）分别为 20.98%、3% 和 2.5% 的 VN[21]，与本章中的数据相比，VN 不能同时使 C 和 O 含量控制在低水平级别。在本节分析中，氮化钒铁的低 C 含量和 O 含量可以做出如下解释：碳热还原氮化过程主要受限于固固反应，反应物之间的扩散及接触比较困难，尤其是反应后期，可能存在一些局部不平衡现象。当温度达到 1823 K

后，单质 Fe 变成一个液相，为碳的扩散提供了一条液相通道，碳热还原反应开始由原来的固固反应转变为固液反应。由于液相具有良好的流动性，能够有利于碳的传输，碳与氧化钒颗粒的接触面积大幅度提高，反应的动力学条件改善。残余碳能够更深入地扩散到 V(C、N、O) 颗粒表面，并与之反应，进一步降低最终氮化钒铁中的残余 O。

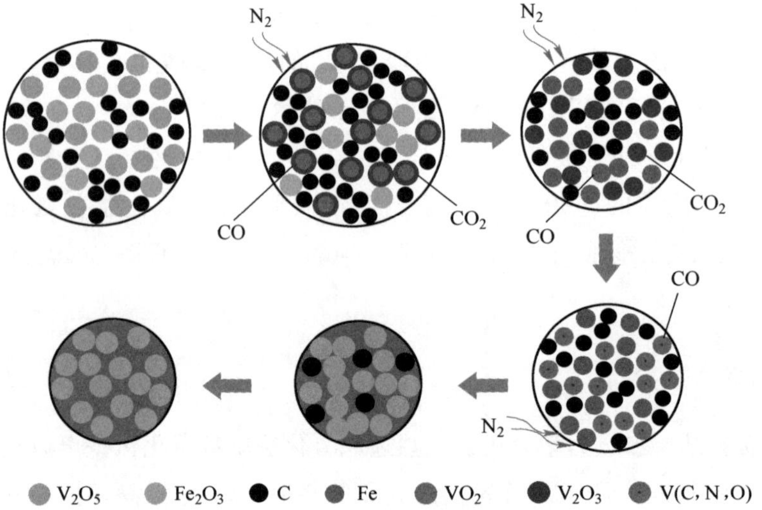

扫一扫

查看彩图

图 2-20　碳热还原氮化法制备氮化钒铁的机理图

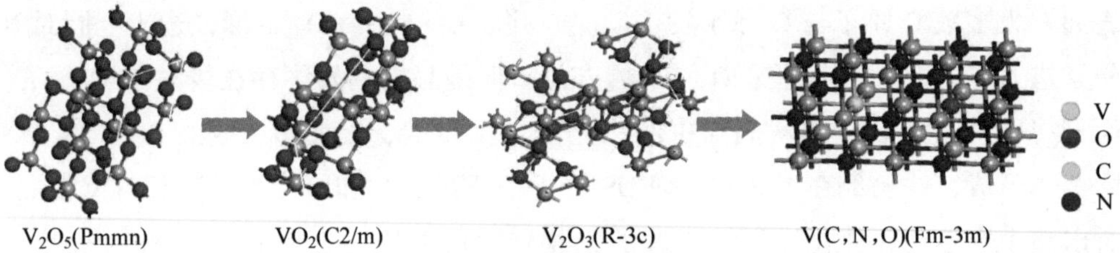

图 2-21　碳热还原氮化过程中钒源的物相转变图

扫一扫

查看彩图

2.2　以四氧化三铁为铁源

前面以 V_2O_5、Fe_2O_3 和石墨为原料成功制备了氮化钒铁，本节将对 Fe 的原料进行改变。对于碳质还原剂的选择，焦炭、石油焦、活性炭中 S、P 含量较高，而炭黑的价格较贵，都不适用于用作本节实验中的碳质还原剂，因此选择的碳质还原剂是石墨。对于含 Fe 原料的选择，Fe_eO_4 的含 Fe 量（质量分数）是

72.4%，而 Fe_2O_3 是 70.0%，因此 Fe_3O_4 的含 Fe 量更高，从而消耗的还原剂更少，节省原材料。除此之外，超纯铁精粉（Fe_3O_4）通过磁选法制备，相较于超纯赤铁矿，见表 2-5，原料中的 SiO_2、Al_2O_3、S、P 杂质等更少。因此 Fe_3O_4 是更优质的铁源。

表 2-5 超纯铁精矿和超纯赤铁矿的成分分析 （质量分数，%）

精矿种类	TFe	SiO_2	Al_2O_3	CaO	MgO	TiO_2	S	P
超纯铁精矿	72.18	0.19	0.085	0.0021	—	0.058	0.0027	0.002
超纯赤铁矿	67.45	1.42	0.69	0.07	0.02	—	0.006	0.031

2.2.1 实验原料和方法

本节实验以 $w(V_2O_5)>99.6\%$、$w(Fe_3O_4)>99.85\%$ 和石墨为原料，利用程序升温反应来制备氮化钒铁，实验流程如图 2-22 所示。总的反应过程为

$$Fe_3O_4 + V_2O_5 + 9C + N_2 = 2VN + 3Fe + 9CO\uparrow \tag{2-15}$$

每种原料根据目标产品（FeV45N、FeV55N、FeV65N）的理论要求来配比，加入 4% 的水作为黏结剂。为了让原料混匀，原料先在搅拌机中干混三次，之后加入水湿混三次，然后将原料放入直径为 40 mm 的不锈钢模具中，在 100 MPa 压力下压制成高度为 15 mm 的圆柱状，最后放入竖式炉中，在 N_2 气氛下加热，操作步骤如图 2-22 所示。因为 V_2O_5 的熔点为 690 ℃，所以为了避免 V 的挥发，在升至 650 ℃时保温 2 h，将 V_2O_5 还原成低级氧化物，之后再升温至设定的温度（1500 ℃、1550 ℃）保温 3 h，升温速率为 5 ℃/min。典型的升温制度如图 2-23 所示。在整个过程中，N_2 的流量为 300 mL/min。

表 2-6 是不同反应条件下制备的 FeV45N、FeV55N 和 FeV65N 三种牌号的试验样品，两个变量分别是温度和 C/O 摩尔比。温度选取了 1500 ℃、1550 ℃，因为温度过低产品密度太低，无法得到合格的样品，而温度太高对于工业生产参考意义不大，工业生产中温度一般不大于 1550 ℃；C/O 摩尔比选取了 0.750、0.775、0.800、0.825 和 0.85，这是由于 C/O 摩尔比是按照全部生成 CO 来计算的，但是实际上在低温时，无论是铁氧化物的还原还是钒氧化物的还原，都会生产一部分 CO_2。

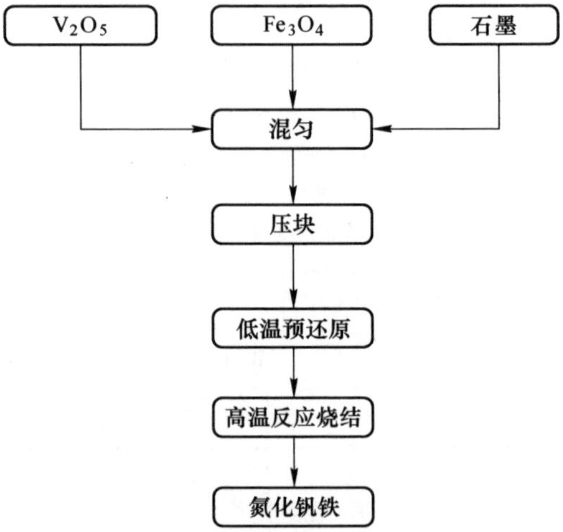

图 2-22 一步碳热还原法流程图

表 2-6 不同实验反应条件

序号	氮化钒铁型号	温度/℃	C/O 摩尔比
1	FeV45N	1500	0. 775
2	FeV45N	1500	0. 800
3	FeV45N	1500	0. 825
4	FeV45N	1550	0. 775
5	FeV45N	1550	0. 800
6	FeV45N	1550	0. 825
7	FeV45N	1550	0. 850
8	FeV55N	1500	0. 775
9	FeV55N	1500	0. 800
10	FeV55N	1500	0. 825
11	FeV55N	1550	0. 775
12	FeV55N	1550	0. 800
13	FeV55N	1550	0. 825
14	FeV65N	1500	0. 775
15	FeV65N	1500	0. 800
16	FeV65N	1500	0. 825
17	FeV65N	1550	0. 750
18	FeV65N	1550	0. 775
19	FeV65N	1550	0. 800
20	FeV65N	1550	0. 825

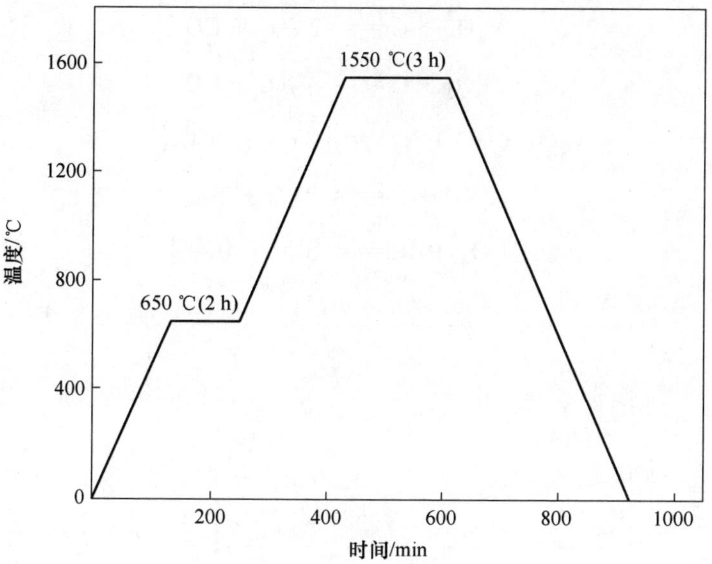

图 2-23　升温程序图

2.2.2　热力学分析

对于制备氮化钒铁（FeV45N、FeV55N、FeV65N）来说，首要的是要确定反应温度。反应式（2-16）~式（2-20）是反应过程中可能发生的反应。根据 FactSage 7.0，反应式（2-16）~式（2-20）的吉布斯自由能变化随温度的变化如图 2-24 所示。整个的反应过程可分为 V_2O_5 的还原、Fe_3O_4 的还原两个部分。对于氧化钒的还原来说，反应式（2-16）~式（2-19）是在碳热还原氮化过程中可能发生的反应。图 2-24 中可以看出，从热力学上来说，V_2O_5 可以在 650 ℃下还原成 V_2O_3。但是之前的研究发现[4]，在 650~670 ℃下，V_2O_5 更容易被还原成 VO_2；在 1100~1300 ℃下更容易被还原成 V_2O_3，这说明高温有利于 V_2O_5 向 V_2O_3 转变。在 650 ℃下预还原 2 h 使其转变成 VO_2，而 VO_2 的熔点为 1640 ℃，因此有利于减少钒的挥发。

V_2O_3 的碳热还原氮化起始温度在 1027 ℃左右，在此期间，V_2O_3 的碳热还原和氮化同时进行。同时可以看到，在 C 含量过量的情况下，VN 容易转变成 VC，因此确定一个合适的 C/O 摩尔比，对产物的成分至关重要。

对于 Fe 的还原，从热力学上来说，在实验温度下，Fe_3O_4 能很容易被还

原[23]。其反应式为

$$V_2O_5 + C = 2VO_2 + CO\uparrow \quad (2\text{-}16)$$

$$2VO_2 + C = V_2O_3 + CO\uparrow \quad (2\text{-}17)$$

$$V_2O_3 + 3C + N_2 = 2VN + 3CO\uparrow \quad (2\text{-}18)$$

$$2VN + C = 2VC + N_2\uparrow \quad (2\text{-}19)$$

$$Fe_3O_4 + 4C = 3Fe + 4CO\uparrow \quad (2\text{-}20)$$

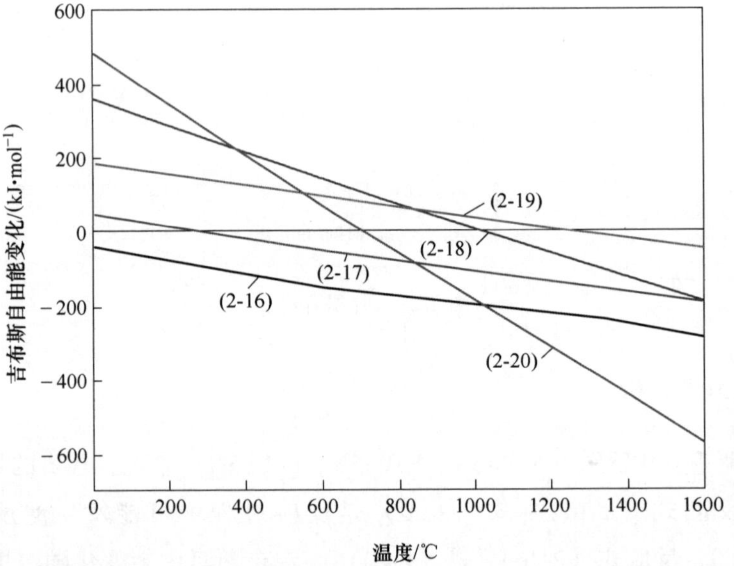

图 2-24 不同反应的标准吉布斯自由能变化与温度的关系

2.2.3 物相分析

C/O 摩尔比影响产物的物相及其中的 C、N、O 含量。当 C 含量不足时，产物中还会存在一部分 V_2O_3 未被还原；当 C 含量过量时，产物中的 C 含量会过高，从而影响 N 含量。图 2-25 是不同牌号氮化钒铁产物的 XRD 图，反应温度为 1500 ℃和 1550 ℃，反应时间为 3 h，C/O 摩尔比为 0.775~0.825。从图 2-25（a）（b）可以看出，反应的产物为 VN 和 Fe，这说明反应温度对于钒氧化物和铁氧化物的还原来说已经足够。值得注意的是，XRD 中的 VN 应该是 V(C,N,O)，因为它们具有相似的晶体结构。

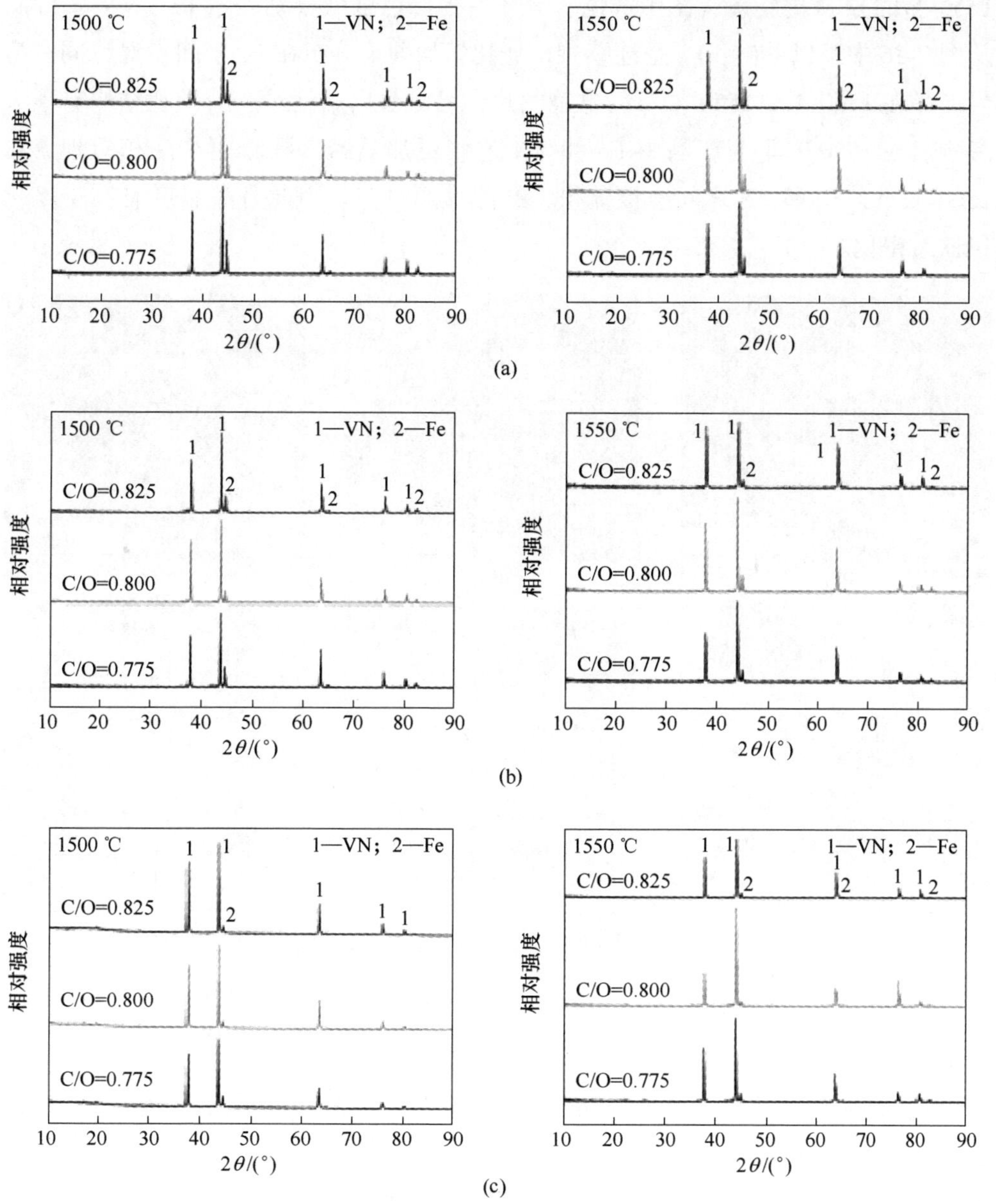

图 2-25　不同牌号氮化钒铁 XRD 图

（a）FeV45N；（b）FeV55N；（c）FeV65N

2.2.4　SEM 表征

图 2-26 是氮化钒铁（FeV45N、FeV55N、Fe65N）在反应温度为 1500 ℃和

1550 ℃的 SEM 电镜图，图中灰色、深灰色、黑色区域分别表示 Fe、VN、孔隙。从图 2-26 中可以看出，Fe 是连续相，氮化钒均匀地分布在 Fe 中间。对比同一型号产品在 1500 ℃、1550 ℃下的电镜图片，可以看出温度对产品微观结构有很大影响。在 1550 ℃下，产品中 Fe 和 VN 连接更加紧密，孔隙更少。相对地，在 1500 ℃下，Fe 和 VN 之间连接疏松，孔隙大而且多。因此升高温度有利于氮化钒铁致密化。

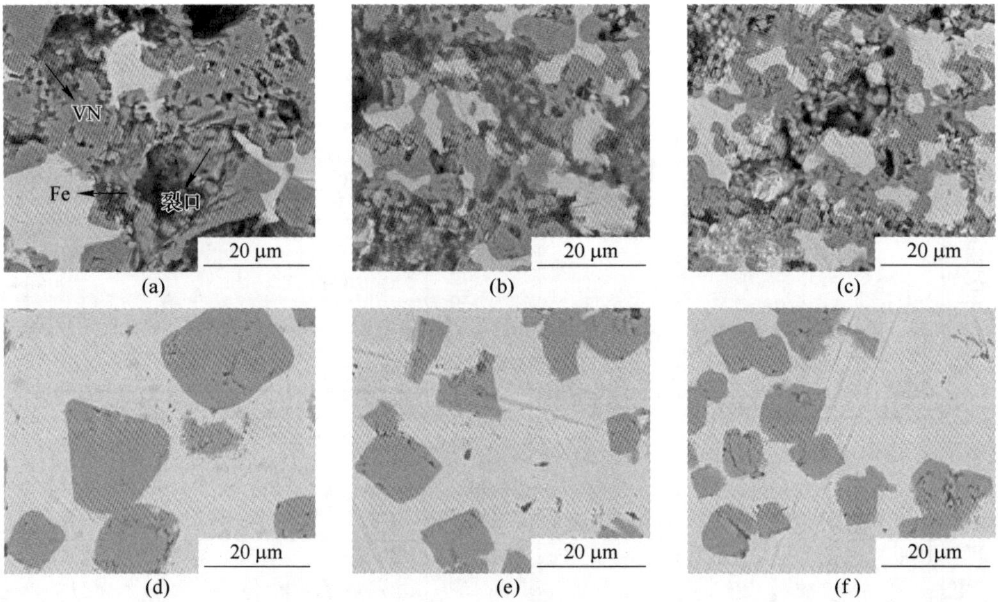

图 2-26 氮化钒铁不同温度下的电镜图

(a) FeV45N，1500 ℃；(b) FeV55N，1500 ℃；(c) FeV65N，1500 ℃；
(d) FeV45N，1550 ℃；(e) FeV55N，1550 ℃；(f) FeV65N，1550 ℃

同时 Fe 含量对反应速率和最终产品 C 含量有影响。徐瑞对于 VN 中不同 Fe 含量的添加进行了研究，在 1500 ℃、1550 ℃时，当 Fe 含量（质量分数）在 6% 时，随着 Fe 含量的增加，反应速率是下降的，这可能是因为 Fe 含量过少，当 Fe 变成液相时，无法形成连续的液相，从而无法促进 C 和 O 的接触。同时液态 Fe 滴覆盖在钒氧化物周围，导致 N_2 的渗入变慢，从而会导致反应速率变慢，以及最终 C 含量的增加[24]。

为了研究氮化钒铁的元素分布。图 2-27 是产品 FeV45N、FeV55N、Fe65N 截面的能谱图，从图中可以看出，V 除了微量地分布在 Fe 中间，基本上 V 和 Fe 元素之间有明显的边界，而V和N分布几乎重叠。同时，EDS也证明了C、N元素的存在。

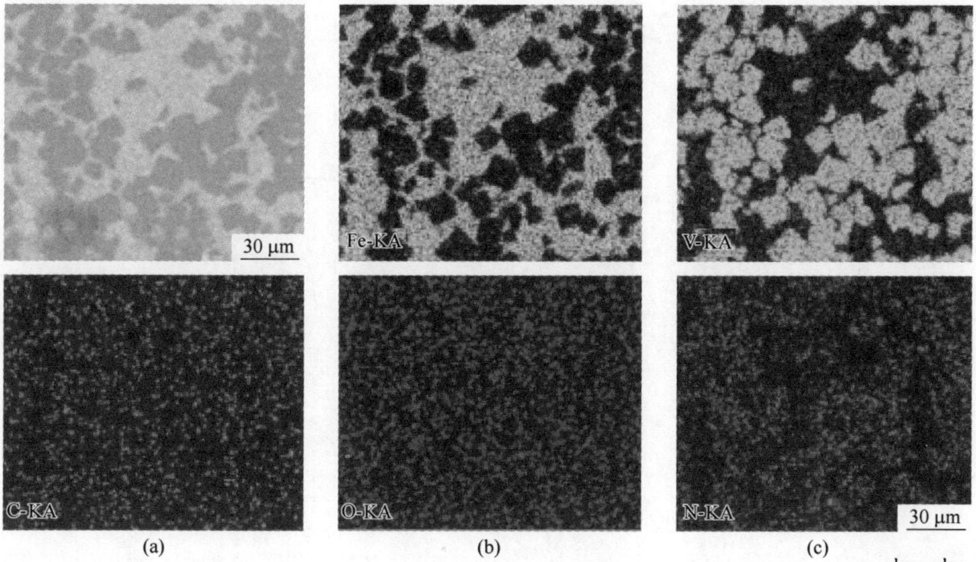

图2-27　1550 ℃下得到的氮化钒铁EDS面扫图

（a）FeV45N；（b）FeV55N；（c）FeV65N

扫一扫

查看彩图

2.2.5 密度变化

图2-28是氮化钒铁（FeV45N、FeV55N、FeV65N）在反应温度为1500 ℃和1550 ℃的密度。虚线表示的是国标所要求的对应型号的密度。从图2-28中可以看出，除了在该温度下C/O摩尔比为0.775条件下得到的FeV45N，绝大多数反应温度为1550 ℃的氮化钒铁密度都超过了国标。同时，反应温度为1500 ℃和1550 ℃的产品密度差距特别大。对于FeV45N来说，从图2-28（a）中可以看出，在1550 ℃下产品的最高的密度达到了5.47 g/m^3，而在1500 ℃下最低的密度只有4.91 g/m^3，在FeV55N和FeV65N也可以观察到同样的现象。当温度达到1550 ℃时，Fe成了液相，而这有利于氮化钒铁致密化。因此高温对于氮化钒铁的致密化有重要作用，这与图2-26的结论吻合。除此之外，还可以观察到，在实验条件下制备FeV55N和FeV65N时，C/O摩尔比对于密度的影响较小。对于FeV45N这种Fe含量较多的型号来说，C/O摩尔比对密度有影响，在1550 ℃、C/O摩尔比为0.775条件下得到的FeV45N，密度是5.21 g/cm^3，相比于其他两个同样温度下的样品，这个样品的密度较低。

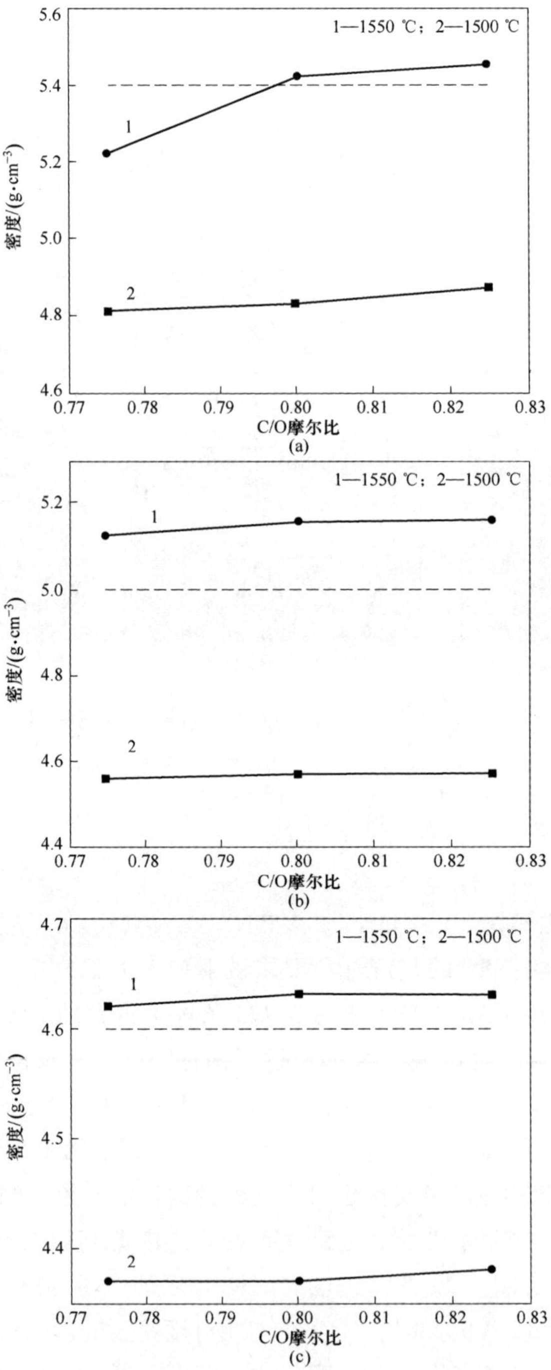

图 2-28　氮化钒铁密度

(a) FeV45N；(b) FeV55N；(c) FeV65N

根据 Fe-C 相图，C 含量会影响 Fe 的液相线温度，当 C 含量（质量分数）低于 4.3% 时，液相线温度随着 C 含量的增加而降低。对于 C/O 摩尔比为 0.775、反应温度为1550 ℃下的 FeV45N 样品来说，其 C 含量是最低的，金属相的熔点相比于其他两个1550 ℃下制备的 FeV45N 样品来说更高，导致该条件下制备的氮化钒铁密度更低。在 FeV55N 和 FeV65N 中没有观察到明显的现象，这可能是因为 FeV45N 中 Fe 含量更高，因此现象更明显。

2.2.6 元素含量分析

图 2-29 显示了在 1550 ℃下 C、O 和 N 的含量与 C/O 摩尔比的关系。绿色虚线（扫二维码见彩图）通过假定所有 V 原子都存在于 VN 中来表示 N 含量的理论值。红色和蓝色虚线分别表示对《氮化钒铁》（GB/T 30896—2014）中 N 和 C 的要求，另外，此标准中对 O 含量没有要求。可以看出，测得的氮含量高于该标准的要求，而测得的 C 含量低于该标准的要求。

从图 2-29（a）中可以看出，随着 C/O 摩尔比的增加，FeV45N 的 N 含量首先在 0.775~0.825 的 C/O 比范围内增加，然后在 C/O 摩尔比增加至 0.850 时降低，这是因为 C/O 摩尔比超过 0.825 时 C 过量，VN 会被过量的碳碳化成 VC 而导致 N 含量降低，因此在 0.825 的 C/O 摩尔比时 N 含量达到最大值。从 FeV55N 和 FeV65N 观察到相同的定律，如图 2-29（b）（c）所示。对于 FeV45N、FeV55N 和 FeV65N，最佳 C/O 摩尔比分别为 0.825、0.800 和 0.775，这意味着

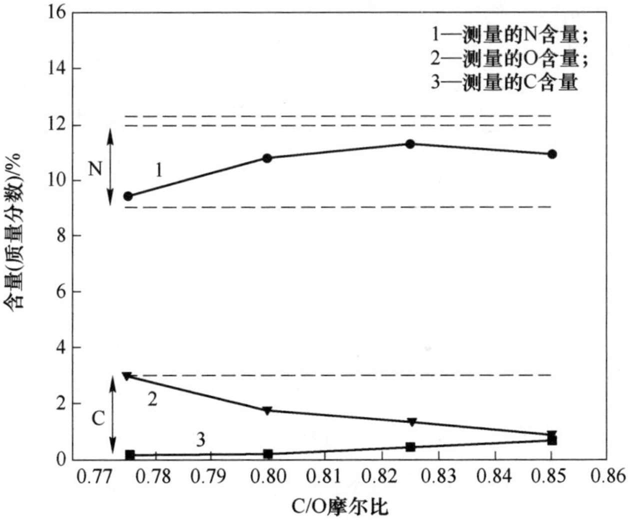

(a)

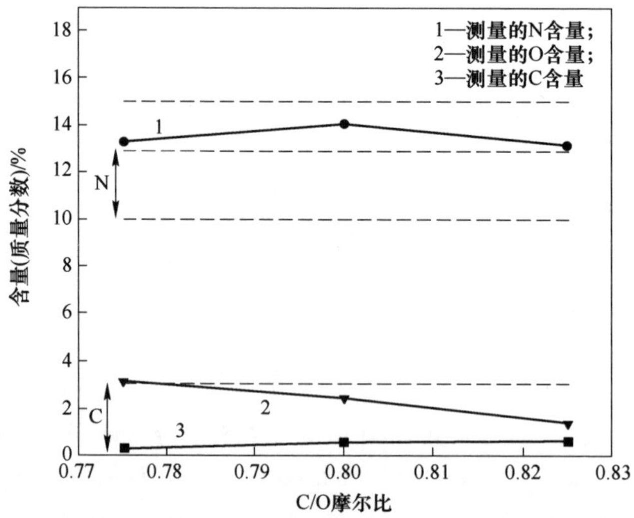

(b)

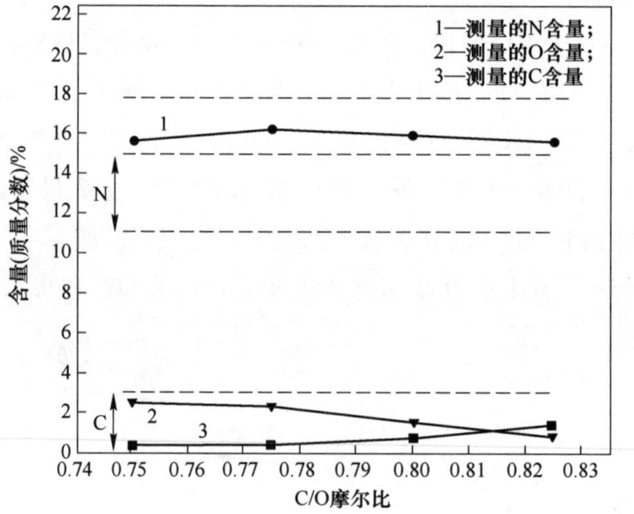

(c)

扫一扫

查看彩图

图 2-29 C、N、O 含量随 C/O 摩尔比的变化

(a) FeV45N；(b) FeV55N；(c) FeV65N

制备更高 Fe 含量的氮化钒铁需要更多的 C 含量。从图 2-24 可以看出，V_2O_5 的起始还原温度低于 Fe_3O_4 的起始还原温度，由于在较低温度下在热力学上更容易产生 CO_2，因此当原料中 Fe_3O_4 的比例增加时，C 含量消耗量将增加。

除此之外，随着 C/O 摩尔比的增加，氮化钒铁中的 O 含量逐渐减少，而 C

含量最初很低并逐渐增加。

图 2-30 显示了在不同温度下获得的产物的 N 含量。比较在 1500 ℃和 1550 ℃下获得的 N 含量，发现较高的温度由于更好的反应动力学条件而有利于 N 含量的增加。这是因为当反应温度达到 1550 ℃时，Fe 变成液相，一方面，它会减慢 N 的扩散速度，但另一方面，它将增加石墨与氧化钒之间的接触面积，并为碳扩散提供液体通道，从而显著改善了反应动力学和接触区。实验结果表明，熔融铁液不会明显减慢反应速度，可以促进碳热还原渗氮的进程。

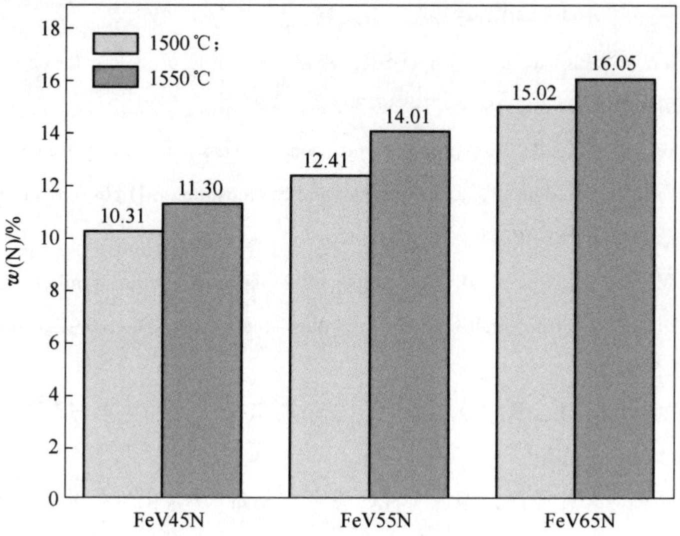

图 2-30 不同温度下的氮化钒铁 N 含量

参 考 文 献

[1] Grishchenko S G, Matvienko V A, Sarankin V A. Development and introduction of the production of nitrided ferrovanadium at zaporozhe ferroalloy plant [J]. Stal., 1982, 7: 42-44.

[2] Franke H, Breuer F, Fuchs A. Nitrogen-bearing sintered products and melted alloys [J]. Neue Hutte, 1966, 11 (10): 604-606.

[3] 孙国会，梁连科．国内外氮化钒铁及氮化钒制备情况简介 [J]. 铁合金，2000 (1): 44-47.

[4] 穆宏波，周宗权．氮化钒铁的研制 [J]. 钢铁钒钛，1996 (3): 51-55.

[5] 张明远，杜勇，杨治立．钒铁氮化的方法研究 [J]. 中国稀土学报，2012: 728-733.

[6] Krastev D. Nitriding of ferroalloys [C]. VIth International Metallurgical Congress, Ohrid,

2014.
[7] Zharnitskii M D. Thermodynamic analysis of the plasma nitriding of ferrovanadium [J]. Izvestiya Vysshikh Uchebnykh Zavedenii, Chernaya Metallurgiya, 1983, 5: 39-42.
[8] Wada H, Gunji K, Wada T. Solubility of nitrogen in molten Fe-V alloy [J]. Transactions of the Iron and Steel Institute of Japan, 1969, 9 (5): 339-403.
[9] Pomarin Y M, Grigorenko G M, Lakomskiy V I. Solubility of nitrogen in liquid-iron alloys with vanadium or niobium [J]. Russian Metallurgy, 1975, 5: 61-65.
[10] Nemchenko V P, Pigasov S E, Popel S I. Nitriding of liquid ferroalloys in ladles with a porous base [J]. Stal., 1976, 10: 37-39.
[11] Nemchenko V P, Pigasov S E, Popel S I, et al. Nitriding of molten ferroalloys in ladies with porous bottom [J]. Stal., 1982, 7: 37-39.
[12] Liu W, Dong K, Zhu R. Preparation of nitrogenous ferrovanadium by gaseous nitriding in the liquid phase ferrovanadium [C]. 5th International Symposium on High-Temperature Metallurgical Processing, 2014: 185-192.
[13] Ziatdinov M K, Shatokhin I M. Self-propagating high-temperature synthesis of ferrovanadium nitride for use in smelting high-strength low-alloy steels [J]. Steel in Translation, 2009, 39 (11): 1005-1011.
[14] 王声宏，刘克忠，晋心翠，等．采用自蔓延高温合成方法生产氮化钒铁的方法 [P]. CN: 101824556A, 2010.
[15] 王声宏，张英才，孔祥玖，等．一种燃烧合成制备 50 氮化钒铁的生产方法 [P]. CN: 1873036, 2006.
[16] 王声宏，隋玉俭，张英才，等．一种燃烧合成制备含氮 80 钒铁的生产方法 [P]. CN: 1598019, 2005.
[17] 赵小平，王永钢，任俊．自蔓延燃烧法制取氮化钒铁方法研究 [J]. 铁合金，2017 (3): 22-26.
[18] Braverman B S, Maksimov Y M, Tsybul'nik Y V. Possibility of nitriding industrial ferroalloys in a nitrogen-containing gas flow [J]. Combustion, Explosion, and Shock Waves, 2012, 48 (6): 734-735.
[19] Kwon H, Choi S, Thompson L T. Vanadium nitride catalysts: synthesis and evaluation forn-butane dehydrogenation [J]. Journal of Catalysis, 1999, 184 (1): 236-246.
[20] Zhao Z, Liu Y, Cao H, et al. Synthesis of VN nanopowders by thermal nitridation of the precursor and their characterization [J]. Journal of Alloys and Compounds, 2008, 464 (1/2): 75-80.
[21] Tripathy P K, Sehra J C, Kulkarni A V. On the carbonitrothermic reduction of vanadium

pentoxide [J]. Journal of Materials Chemistry, 2001, 11 (2): 691-695.

[22] Yue-Dong W, Guo-Hua Z, Yu W, et al. A facile pathway to prepare VO_2 and V_2O_3 powders via a carbothermal reduction process [J]. Journal of Solid State Chemistry, 2018, 265: 299-305.

[23] Wu Y D, Zhang G H, Chou K C. A Novel Process to Synthesize High-Quality Ferrovanadium Nitride [J]. Metallurgical & Materials Transactions B, 2016, 47 (6): 1-8.

[24] 徐瑞，吴跃东，周英聪，等. 碳热还原氮化法制备高品质氮化钒的研究 [J]. 江西冶金，2019，39 (2): 1-6.

3 两步碳热还原氮化法制备氮化钒铁

第 2 章中制备氮化钒铁的方法称为一步碳热还原氮化法，其能在 1550 ℃下制备高氮钒比、高密度的氮化钒铁。但是由于在 1500 ℃一步还原氮化法制备氮化钒铁中得到的产品密度不合格，而当温度达到 1550 ℃时，存在流铁现象，导致产品黏结，如图 3-1 所示。因此本章在第 2 章的思路上，提出了两步碳热还原氮化法。

图 3-1　1550 ℃下制备的氮化钒铁

在一步碳热还原氮化法中，在反应温度下，还原氮化反应和致密化过程同时进行，但是还原反应过程中会有气体产生，从而不利于产品的致密化。在本章中，考虑把还原过程和致密化过程分开来，从而能在较低温度下得到高氮钒比，高密度的氮化钒铁，而且不存在流铁现象，易分离。

3.1 实验原料和过程

第一步以 V_2O_5、Fe_3O_4、石墨为原料，加入水作为黏结剂，在搅拌机中混匀之后在模具中压制成圆柱状块体，低温进行初步碳热还原氮化反应，得到氮化钒铁前驱体；第二步将得到的氮化钒铁前驱体研磨成粉末，将粉末重新造块，在高温 N_2 气氛下烧结同时深度氮化，得到高密度，高 N 含量的高品质氮化钒铁。两步碳热还原法制备氮化钒铁第一步的步骤和一步还原氮化法相比，除了温度设置不同，其余步骤相同。本实验探究第一步反应温度对氮化钒铁前驱体状态的影响，之后在第二步中，将反应温度设置在 1450 ℃、1500 ℃，探究温度和反应时间对密度的影响，具体实验条件见表 3-1。

表 3-1　不同实验反应条件

序号	样品型号	温度/℃	反应时间/h
1	FeV45N	1450	1
2	FeV45N	1450	2
3	FeV45N	1450	3
4	FeV45N	1500	1
5	FeV45N	1500	2
6	FeV45N	1500	3
7	FeV55N	1450	1
8	FeV55N	1450	2
9	FeV55N	1450	3
10	FeV55N	1500	1
11	FeV55N	1500	2
12	FeV55N	1500	3
13	FeV65N	1450	1
14	FeV65N	1450	2
15	FeV65N	1450	3
16	FeV65N	1500	1
17	FeV65N	1500	2
18	FeV65N	1500	3

3.2 物相分析

从图 2-24 可以看出，碳热还原氮化反应在 1027 ℃以上就能发生，因此第一步反应温度只要大于此温度就可以，但从促进反应速率考虑，选取了 1250 ℃、

1300 ℃、1350 ℃、1400 ℃为第一步反应温度。图 3-2 是第一步以反应温度为变量的 XRD 图，从图中可以看出，在反应温度大于 1300 ℃的条件下，产物的物相是 VN 和 Fe。图 3-3 是第一步反应产物的失重率，产物的理论失重率是 41.97%，

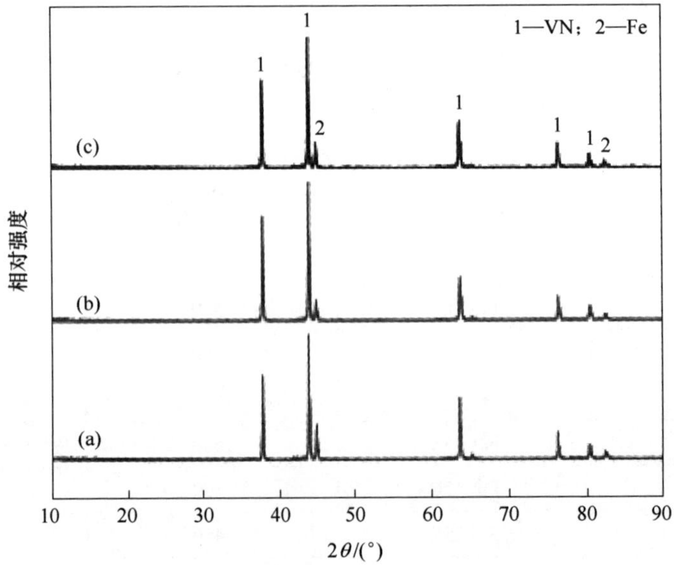

图 3-2 不同温度下制备的氮化钒铁前驱体 XRD 图

(a) 1300 ℃；(b) 1350 ℃；(c) 1400 ℃

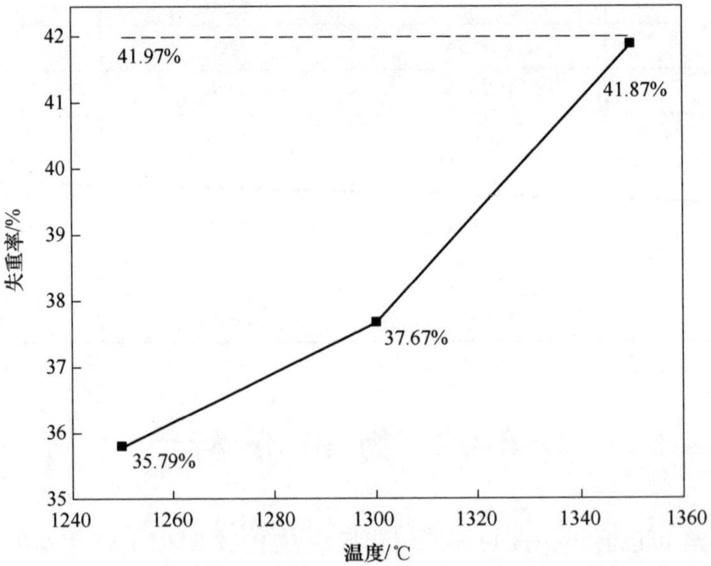

图 3-3 不同反应温度下制备的氮化钒铁前驱体失重率

1250 ℃得到的产物失重率是 35.79%，1300 ℃下失重率是 37.67%，1350 ℃下是 41.87%。从图 3-2 和图 3-3 可以看出，1300 ℃下前驱体物相虽然为 VN 和 Fe，但是从失重率上来看，还有一部分没有反应，1350 ℃下前驱体无论是从物相分析还是失重率来看，可以看出反应基本已经完成，因此第一步选取的反应温度以 1350 ℃为宜。

3.3 SEM 表征

图 3-4 为两步碳热还原氮化法在不同温度和时间制备的 FeV55N。在 1450 ℃和 1500 ℃下，从图 3-4 可以看出，当反应时间从 1 h 延长到 3 h 时，孔隙不断减少。在 1500 ℃、3 h 的反应条件下，几乎完全致密，没有孔隙，说明延长反应时间有利于减小孔隙数量和大小，从而提高产品的密度。对于相同反应时间、不同温度制备的样品来说，可以看到提升温度也有利于减小孔隙。图 3-5 是 1500 ℃下反应 3 h 制备的氮化钒铁能谱分析图，可以看出元素分布和一步碳热还原法制备的氮化钒铁元素分布规律一致，Fe 和 V 元素之间有比较明显的界限，V 和 N 元素分布几乎重叠。

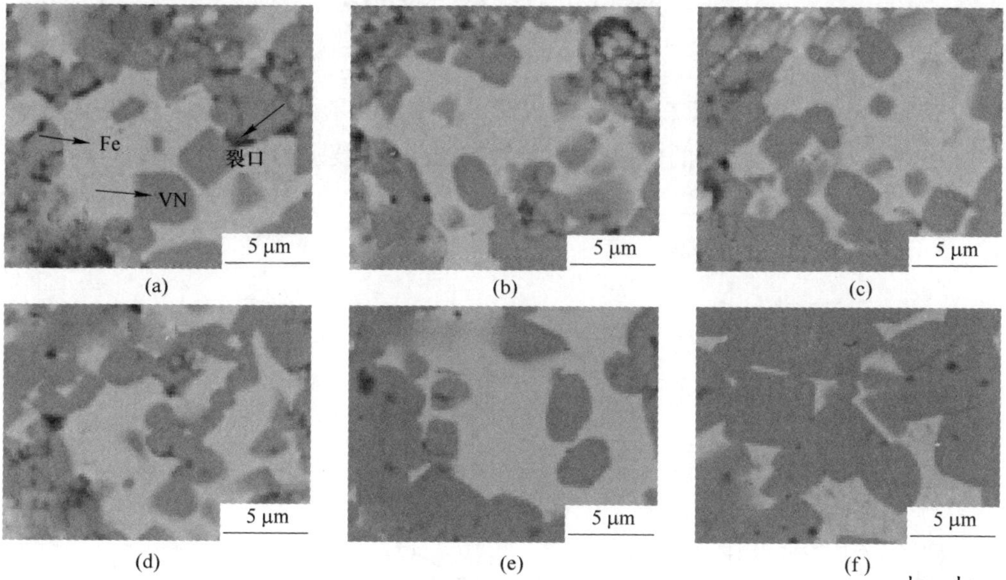

图 3-4 不同温度和时间制备的 FeV55N 电镜图

（a）1450 ℃，1 h；（b）1450 ℃，2 h；（c）1450 ℃，3 h；（d）1500 ℃，1 h；（e）1500 ℃，2 h；（f）1500 ℃，3 h

扫一扫

查看彩图

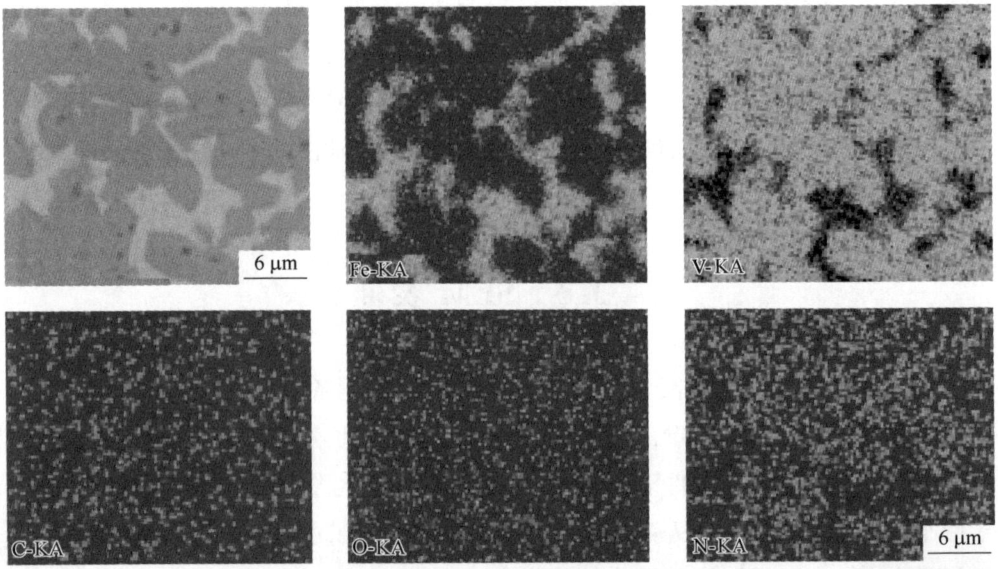

图 3-5 1500 ℃下反应 3 h 制备的氮化钒铁 EDS 元素面扫图

扫一扫
查看彩图

3.4 密度变化

对于第二步烧结完成之后的氮化钒铁，利用阿基米德排水法测得了它们的密度。如图 3-6 所示，图中的虚线代表的相应产品国标要求的密度，从图中可以看

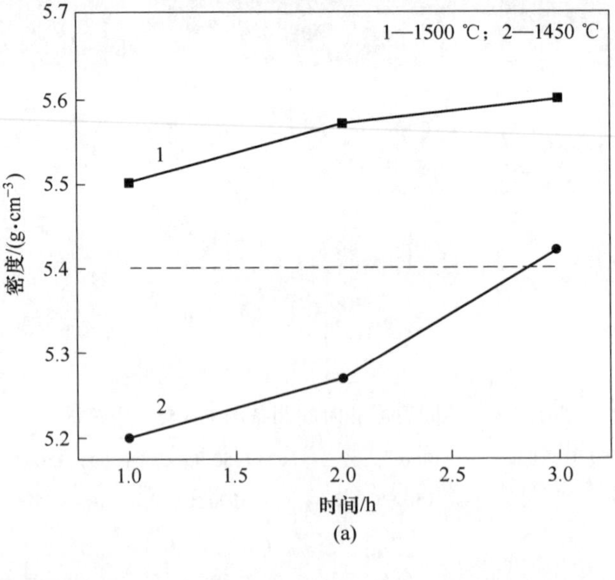

(a)

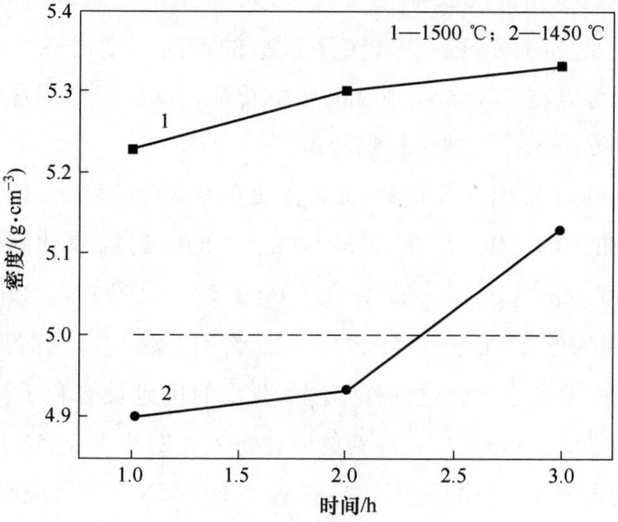

(b)

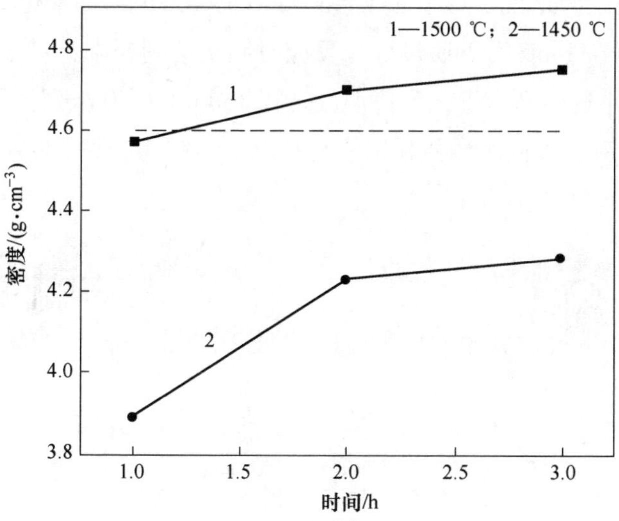

(c)

图 3-6 氮化钒铁密度

（a）FeV45N；（b）FeV55N；（c）FeV65N

出，反应温度和反应时间对于烧结的密度影响都很大，其中反应温度的影响更甚。

1450 ℃和 1500 ℃下制备的产品密度相差极大，对于烧结过程来说提高反应温度有利于致密化[7]。以图 3-6（a）中 FeV45N 为例，在 1450 ℃反应时间为 3 h

时，得到的氮化钒铁密度为 5.43 g/m^3，而 1500 ℃下得到氮化钒铁密度为 5.61 g/m^3。在同样的反应时间下，1500 ℃下反应的产品密度远远大于 1450 ℃的产品，同样的现象可以在 FeV55N、FeV65N 中看到，这是因为当烧结温度升高时，有利于氮化钒铁缩小闭孔，减少孔隙数量。

从图 3-6 也可以看出，反应时间对密度的影响也很大。以图 3-6（b）中 FeV55N 为例，在 1450 ℃，反应 1 h、2 h、3 h 得到的氮化钒铁密度分别为 4.90 g/m^3、4.93 g/m^3、5.14 g/m^3；在 1500 ℃时，反应 1 h、2 h、3 h 得到的氮化钒铁密度分别为 5.23 g/m^3、5.29 g/m^3、5.31 g/m^3。同样的规律也可以在 FeV45N、FeV65N 中观察到，这同样是因为反应时间延长有利于烧结致密化。但是从图 3-6 可以看出，1450 ℃下得到的氮化钒铁，对于 FeV45N、FeV55N 来说，当反应时间达到 3 h 时，产品密度达标；对于 FeV65N，当反应时间延长到 3 h，密度依然达不到要求，这是因为 FeV65N 中 Fe 含量（质量分数）少，大约只有 10%，不利于烧结。这说明对于 FeV45N、FeV55N 来说，如果想要得到高密度的氮化钒铁，可以在 1450 ℃下通过延长反应时间来达到要求；对于 FeV65N 来说，在 1450 ℃下很难达到高密度，反应温度选择 1500 ℃更为合适。

图 3-7 是制备的不同牌号氮化钒铁样品图，与图 3-1 中一步碳热还原氮化法

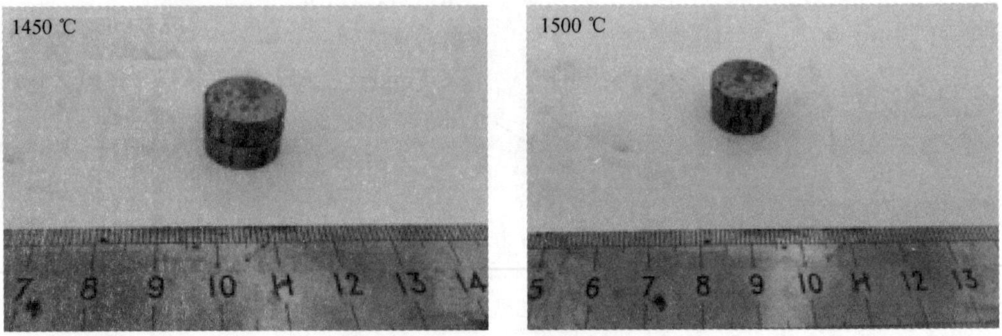

(a)

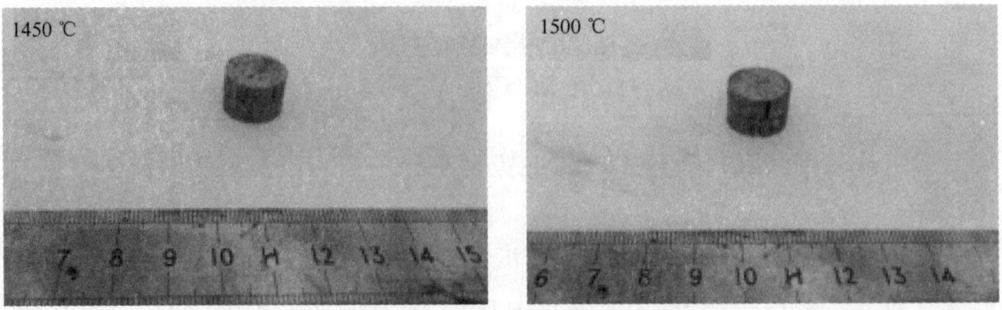

(b)

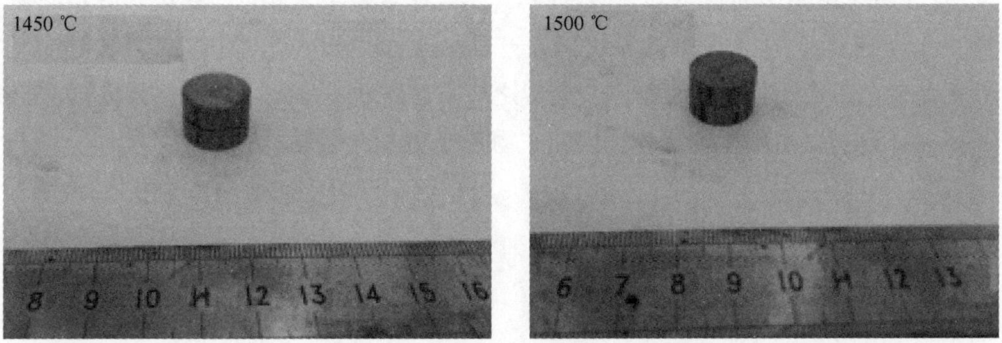

(c)

图 3-7 不同牌号氮化钒铁样品图

（a）FeV45N；（b）FeV55N；（c）FeV65N

制备得到的氮化钒铁对比可以看出，两步法所制得的样品不存在流铁现象，而且上下两块之间不存在黏结，密度达标。

3.5 元素含量分析

图 3-8 是在 1500 ℃下最佳配碳比时制备的 FeV45N、Fe55N 和 Fe65N 的 C、

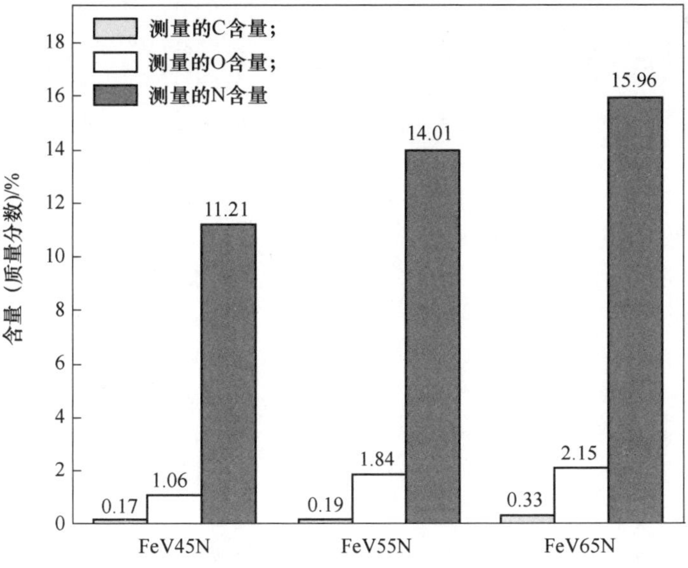

图 3-8 不同化合物在最佳配碳比下的元素含量（1500 ℃）

N、O 含量，由图中对比可知，两者的 C、N、O 含量十分相近，这说明两步法在 1500 ℃下得到了高 N 含量的氮化钒铁产品。虽然 1500 ℃没有达到 Fe 的熔点，但是因为在两步法工艺中，第一步完成之后重新压块，增大了反应物之间的接触面积，有利于烧结和深度氮化，因此产物密度和 N 含量很高。

4 铁高温过程作用机理分析

在第 2 章中发现氧化铁并不参与钒氧化物的碳热还原氮化过程，在热力学上氧化铁对高温碳热还原氮化反应影响程度很小。但不可否认的是，Fe 在整个碳热还原氮化过程中扮演一个很重要的角色，无论是对理清碳热还原氮化制备氮化钒铁的反应机理还是指导该方法的工业化生产，分析 Fe 的作用机理都有重要的意义。所以将在本章节分别从热力学角度和动力学角度重点分析 Fe 在高温碳热还原氮化过程中的作用机理，分析其对产品成分以及制备方法的影响。

4.1 实验原料和过程

为了研究 Fe 在高温过程中作用机理并减少实验其他影响因素，首先进行一系列实验，研究了单质 Fe（纯度 99%）作为铁源对碳热还原氮化制备氮化钒铁的影响，整个实验过程基本与第 2 章 2.1 节的相同。根据化学反应式（2-1）及 FeV45N 成分，将 V_2O_5、单质 Fe 和石墨按一定比例进行配料混合、混匀、压块。将块体置于纯度为 99 坩埚中，并快速置于高温气氛保护炉中，高温气氛保护硅钼炉开始升温。硅钼炉先以 5 K/min 的速率升温至 923 K 左右进行预还原 2 h，继续以 5 K/min 的速率升温至指定温度，并保温 3 h，然后立即取出，并在惰性气体的保护下降温。其中等温碳热还原氮化温度分别为 1573 K、1673 K、1773 K 和 1873 K。表 4-1 为以单质 Fe 为原料制备氮化钒铁的实验条件。

表 4-1　以单质 Fe 为原料制备氮化钒铁的实验条件

组别	C/O 摩尔比/%	反应温度/K
A1	100	1573
A2	95	1573
A3	90	1573
A4	85	1573
A5	90	1573

续表 4-1

组别	C/O 摩尔比/%	反应温度/K
A6	75	1573
A7	90	1673
A8	90	1773
A9	90	1873

基于上述结果，分析了 Fe 对碳热还原氮化 V_2O_5 的反应动力学的影响。由于 V_2O_5 在高温阶段的挥发性，V_2O_5 不能直接放入恒温区进行恒温实验；另外，根据第 2 章热力学分析，V_2O_5 在低温下能够被碳热还原至 V_2O_3，而且 V_2O_5 还原至 V_2O_3 的反应速率相当迅速，因此在高温阶段，实际上是 V_2O_3 的碳热还原氮化过程。所以本章中研究 V_2O_3 碳热还原氮化生成 VN 的反应动力学是有意义的。实验过程中，以 V_2O_3、单质 Fe 和石墨为原料经过混料，压片得到圆柱片。当硅钼炉升温至指定温度，圆柱片热放进恒温区反应一定时间，立即取出样品，在 Ar 气氛的保护下冷却，反应前后称量样品的质量变化。炉温分别为 1473 K、1523 K、1573 K 和 1623 K；Fe 含量分别为 0、15%、30%；反应时间范围为 5~90 min；实验过程中 N_2 流速为 400 mL/min。

此外，通过改变原料中添加的 Fe 的含量，设计了一系列实验分析 Fe 对氮化钒铁的成分影响。按照最终产品里 Fe 含量分别为 0、10%、15%，计算了相应的 V_2O_5、Fe 和石墨的原料配比。根据计算结果，进行混料、压片得到圆柱块体。反应过程与上面的实验一致，此处就不再描述。将冷却后的块体放入稀盐酸中除 Fe，得到氮化钒（VN）粉末，测量粉末 C 含量、N 含量和 O 含量。

4.2 实验结果

4.2.1 铁源对氮化钒铁的成分及微观结构的影响

与第 2 章一样，首先需要探索添加单质 Fe 时制备 FeV45N 合金的最佳 C/O 摩尔比。图 4-1 是由不同 C/O 摩尔比制备得到的 FeV45N 合金的 XRD 谱图结果。从图 4-1 中可知，当 C/O 摩尔比为 80% 时，XRD 结果的峰分别属于 V_2O_3（JCPDS 34-0187），VN［JCPDS 35-0768，a=4.139 Å（1 Å=0.1 nm）］和 Fe 相。随着 C/O 摩尔比的提高，V_2O_3 的特征峰消失，仅有 Fe 和 VN 相存在于产品中。

这说明当 C/O 摩尔比为 80% 时，配碳量不足以完全碳热还原氮化 V_2O_5。严格地说，由于 VO、VC、VN 拥有极其相似的晶体结构和原子半径，它们很易形成连续固溶体。考虑到完全脱除产品中的 O 和 C 是非常困难，产品中的 VN 相应该是 V(C,N,O)，因此以单质 Fe 为铁源制备的 FeV45N 合金的最佳 C/O 摩尔比必定高于 80%。

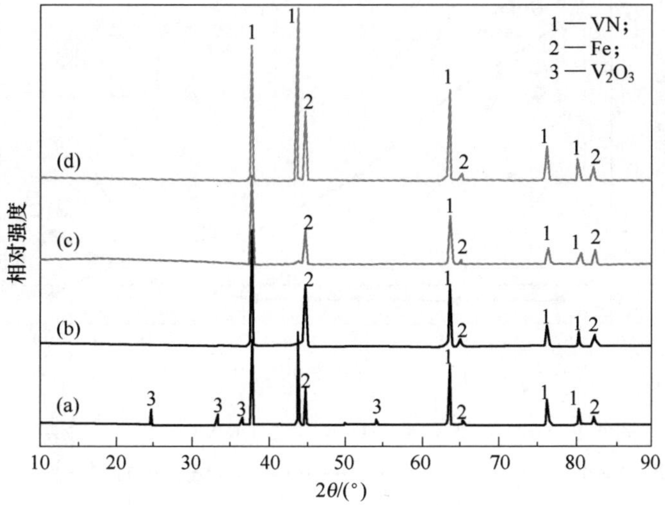

图 4-1 不同 C/O 摩尔比对 FeV45N 的物相影响（1573 K）

（a）80%；（b）85%；（c）90%；（d）95%

为了寻找最佳的 C/O 摩尔比，检测了在 1573 K 下反应 3 h 得到的产品的 C 含量、N 含量和 O 含量，如图 4-2 所示。可以看出，当 C/O 摩尔比低于 90% 时，产品中的残余 C 含量（质量分数）趋近于 0，但是随着 C/O 摩尔比的进一步增加，C 含量开始升高。直到 C/O 摩尔比达到 95%，产品的 N 含量一直增加。虽然当 C/O 摩尔比为 95% 时，其值最高达到 12%，但是其 C 含量也高达 0.49%，这会导致钢液在钒微合金化的过程中 C 含量增加。考虑到这些因素，制备 FeV45N 合金的最佳 C/O 摩尔比应该是 90%。当 C/O 摩尔比为 90% 时，FeV45N 合金的 C 含量、N 含量和 O 含量分别为 0.049%、11.52%、1.84%。该条件下制备得到的 FeV45N 合金的成分也基本满足国家标准的要求，与以 Fe_2O_3 作为铁源制备出的 FeV45N 合金无异。

表 4-2 是当 C/O 摩尔比为 90% 时，反应温度对 FeV45N 合金的 C 含量和 N 含量的影响，从表中可以看出，产品中的 C 含量一直保持在较低的水平，而产品的

N 含量随着温度的升高，稍微地增加，幅度不是很明显。

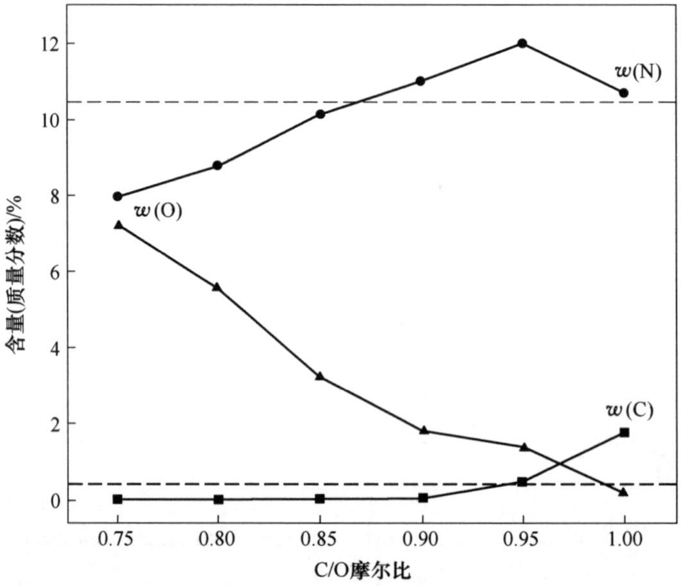

图 4-2 1573 K 下不同 C/O 摩尔比对 FeV45N 的成分影响

（———添加单质全为 C 时合金中 N 含量；———C/O 摩尔比为 0.95 时合金中的 C 含量）

表 4-2 反应温度对 FeV45N 的成分影响

序号	温度/K	C/O 摩尔比/%	C 含量（质量分数）/%	N 含量（质量分数）/%
1	1573	90	0.049	11.52
2	1673	90	0.082	11.55
3	1773	90	0.063	11.66
4	1873	90	0.066	11.72

图 4-3 是在不同温度下得到的 FeV45N 合金的微观结构图，这个图与图 2-15 类似。在低温下（也就是 1573 K 和 1673 K），VN 相和 Fe 相分布不均匀，连接不够紧密，存在比较大的孔洞，这些孔洞充满着看电镜镶样所用的树脂。当温度达到 1773 K 后，Fe 相紧紧包围着 VN 相，低温下产物中出现的孔洞也基本消失。这说明当温度高于 1773 K，产品的密度得到了极大的提升。综合上述实验结果，要想制备得到高密度且成分符合国家标准的 FeV45N 合金，温度必须达到 1773 K。

结合上述结果，以单质 Fe 为原料，配加 V_2O_5 和石墨制备所得氮化钒铁的物相分析、成分分析及微观结构，与第 2 章中以 Fe_2O_3 为铁源的制备 FeV45N 合金的结果基本一致。这表明 Fe 与氧化铁对碳热还原氮化制备 FeV45N 合金过程没有明显的影响，因此为了减少实验参数影响，在后面分析铁在碳热还原氮化过程中作用机理时，可以直接添加单质 Fe。

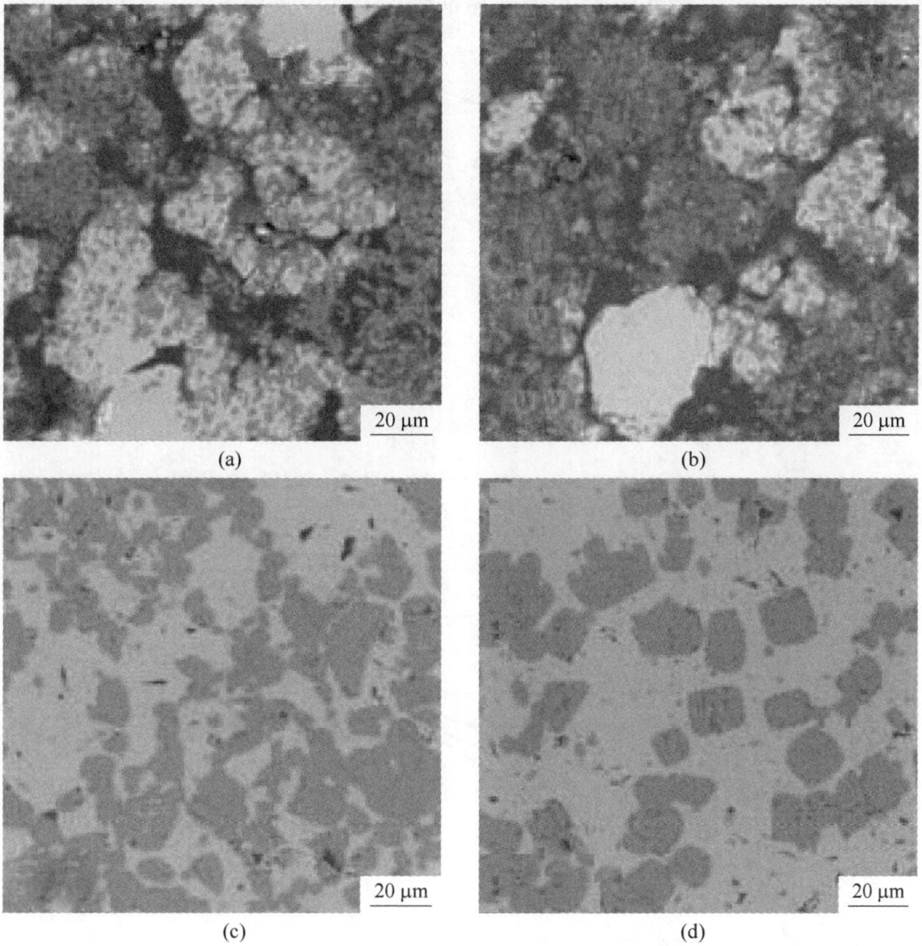

图 4-3 反应温度对 FeV45N 合金的微观结构的影响

(a) 1573 K；(b) 1673 K；(c) 1773 K；(d) 1873 K

扫一扫
查看彩图

4.2.2 铁含量对高温反应速率的影响

在高温阶段，V_2O_5 主要被还原成 V_2O_3，并以 V_2O_3 的形式进一步发生碳热还原氮化反应，因此为方便实验的进行，这部分主要分析 Fe 对 V_2O_3 的碳热还原氮化反应速率的影响。

根据理论计算，目标产物中含有0、15%、30%（质量分数）Fe的样品的理论失重率分别为29.42%、26.16%、22.62%。图4-4为在1573 K下，不同Fe含量对V_2O_3的碳热还原氮化反应的失重率的影响。从图4-4中可以看到，随着反应时间的延长，三种不同Fe含量的样品都趋近于理论失重率。图4-5则是不同Fe

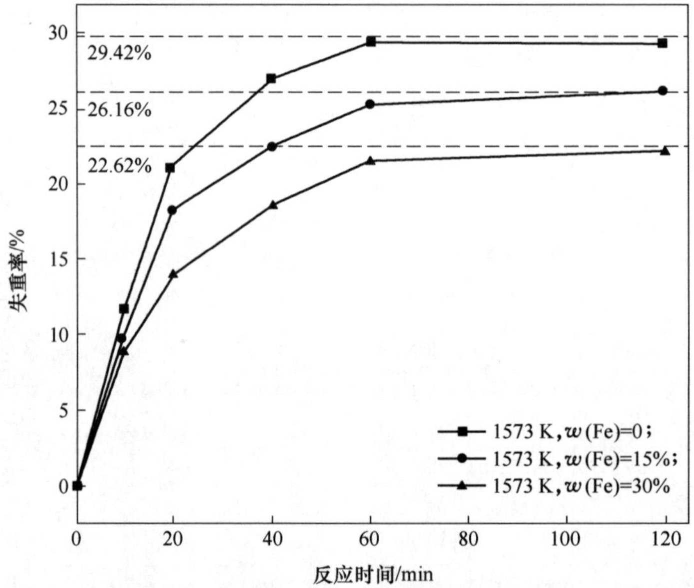

图4-4　1573 K下Fe含量对V_2O_3的碳热还原氮化失重率的影响

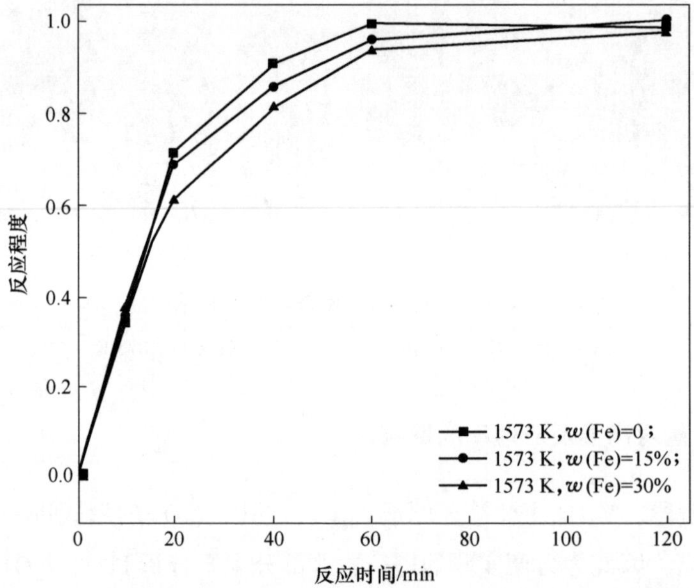

图4-5　1573 K下Fe含量对V_2O_3的碳热还原氮化反应速率的影响

含量下 V_2O_3 的碳热还原氮化反应的动力学曲线。通过比较可知，随着反应的进行，目标产物中无 Fe 的样品的反应速率最快，最先完成碳热还原氮化反应，然而目标产物含有 30% Fe 的样品的反应速率最慢，这可能是由于液相层的形成。

通过查阅 Fe-C 相图可知，Fe-C 的二元共晶温度大约为 1427 K。在 1573 K 的恒温条件下，当碳热还原氮化反应开始时，大部分原料中的 C 会与 V_2O_3 和 N_2 发生固固反应；同时，另一部分碳颗粒会与铁反应形成（Fe_3C）。由于温度达到其熔点，液态 Fe 便形成。张国华等在 1473 K 下研究攀枝花钛铁矿碳热还原反应机理时，发现存在大量的 Fe-C 液滴覆盖在反应物颗粒表面[1]。随着反应的进行，这些液滴逐渐连接在一起形成一个连续的液相，并覆盖在固体反应物的表面，因此当存在液相铁的条件下，碳热还原氮化过程可以分为以下 5 个步骤：

（1）N_2 分子通过气相扩散边界层扩散至铁液表面；

（2）N_2 分子继续穿过液相边界层至氧化钒和碳的表面；

（3）固体反应物（氧化钒和 C）与 N_2 开始发生化学反应，生成 VN 和 CO 或 CO_2 气体；

（4）CO 或 CO_2 穿过液相边界层扩散到铁液表面；

（5）CO 或 CO_2 继续通过气相边界层扩散至大气中。

相对于体系中无铁的反应物，气相反应物需要扩散并穿过铁液层，阻止了 N_2 的扩散，降低了碳热还原氮化反应的速率。然而由于氮化钒铁的致密度的需求，碳热还原氮化制备氮化钒铁的最佳制备温度基本高于 1773 K。在实际制备过程中，由于反应温度较高，碳热还原氮化反应的反应速率极快，铁液对整个碳热还原氮化过程的抑制作用并不大，基本可以忽略不计。

4.2.3 铁含量对氮化钒铁中 VN 相成分的影响

图 4-6 所示了目标产物中 Fe 含量和 C/O 摩尔比对产物中 VN 相的 N 含量的影响。当 C/O 摩尔比增加，VN 相中 N 含量先增加后逐渐减小，而且当 C/O 摩尔比为 80% 时存在一个 N 含量的极大值。另外，当 C/O 摩尔比为 80% 时，随着目标产物中 Fe 含量的减小，VN 相中 N 含量逐渐增加。相应地，图 4-7 和图 4-8 分别是 Fe 含量对产物中 VN 相的 O 含量和 C 含量的影响。随着 C/O 摩尔比的增加，VN 相中 C 含量逐渐增加，而 O 含量则对应地降低；当 C/O 摩尔比为 80% 时，产物中 Fe 含量越高，VN 相中的 C 含量和 O 含量同时降低。实验结果表明，Fe 的加入能够促进产品中残留氧和碳的反应，进一步提高产品的 N 含量。因此 Fe 在高温

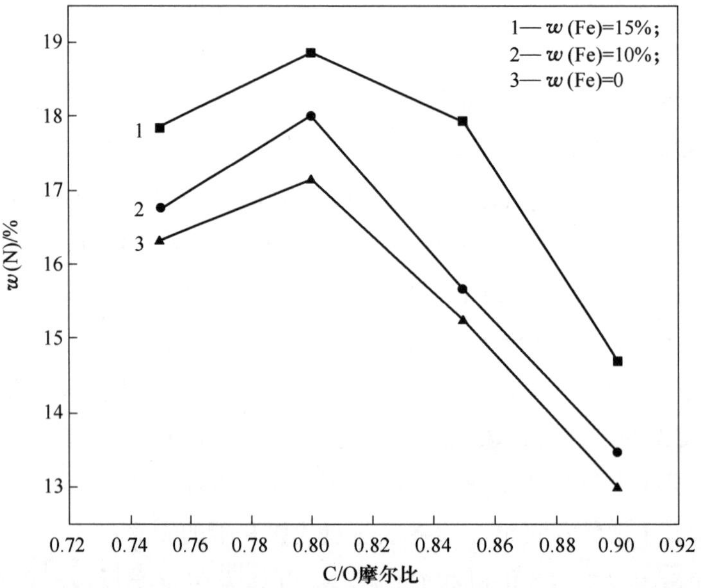

图 4-6　Fe 含量对氮化钒铁中 VN 相的 N 含量影响

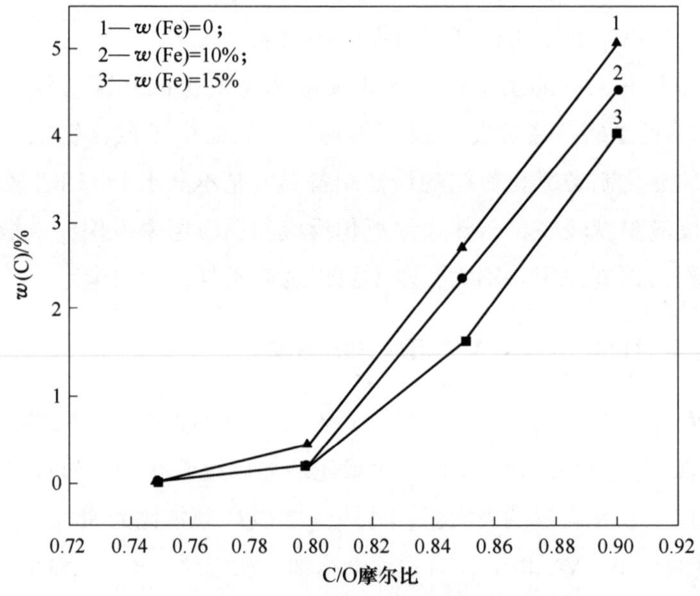

图 4-7　Fe 含量对氮化钒铁中 VN 相的 C 含量影响

碳热还原氮化制备氮化钒铁的作用行为可以描述为在碳热还原氮化过程前期，还原剂碳主要以固体的形式发生固固反应。随着反应的进行，当温度接近于指定温度 1823 K 时，部分 C 扩散至 Fe 相中使 Fe-C 变成液相。C 在 Fe 相中的溶解度较小，但随着反应的进行，铁液周围的固体 C 会不断地溶解于 Fe 相中，使 Fe 相成为 C 的液相扩散通道，反应由原来的固固反应转变成固液反应，所以 C 与氧化钒颗粒的接触面积大幅度提高，反应的动力学条件改善，促进了残余 C 与 O 反应。这也正好解释氮化钒铁中的 C 含量和 O 含量能够同时被控制在较低级别。例如 Tripathy 等通过碳热还原氮化法制备出 C 含量和 O 含量（质量分数）分别为 3% 和 2.5% 的 VN[2]。

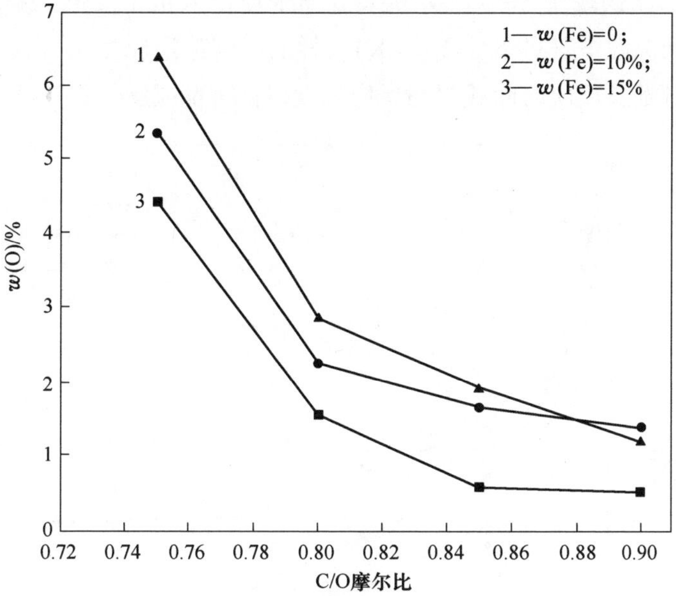

图 4-8　铁含量对氮化钒铁中 VN 相的氧含量的影响

4.3　讨　论

4.3.1　恒温反应动力学

为了进一步分析 Fe 存在的条件下碳热还原氮化过程的化学反应动力学，我们做了一系列等温实验，其中等温温度分别为 1473 K、1523 K、1573 K 及 1623 K。图 4-9 所示的是当体系中 Fe 含量（质量分数）大约有 40% 时，不同温度下 V_2O_3 的碳热还原氮化过程的失重率曲线，其中混合物的失重率（W_t）的计算公式为

$$W_t = \frac{m_0 - m_t}{m_0} \times 100\% \tag{4-1}$$

式中 m_0——起始样品的质量；

m_t——反应一定时间后的样品的质量。

从图 4-9 中可以看出，在 1523 K、1573 K、1623 K 下反应的最终产物的失重率基本相同，且维持在 20% 左右，这接近于经过碳热还原氮化过程，V_2O_3 完全转化为 VN 的理论失重率。但是当温度为 1473 K 时，即使反应时间达到90 min，反应失重率也仅接近于 16%，实际失重率跟理论失重率之间仍有一定的差距。这说明在较低温度下（即低于 1523 K），样品的碳热还原氮化过程不能够进行完全，可以通过延长反应时间或提高反应温度以促进反应度的提高。

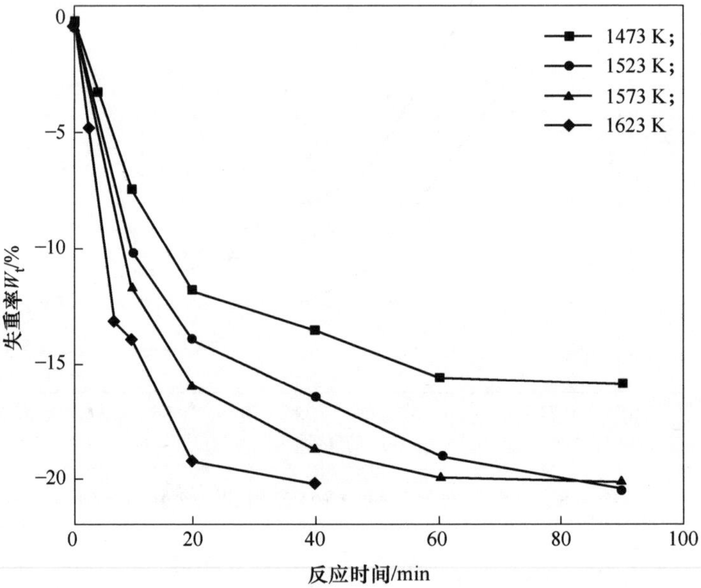

图 4-9 不同温度下 V_2O_3 钒的碳热还原氮化反应的失重率曲线［体系中含 $w(Fe)=40\%$］

对于图 4-9 中的失重率曲线，可以进行进一步的数据处理，并采用最佳模型拟合法来分析它们的化学反应动力学，这些模型包含了大部分常用的反应机理函数。

反应度（α）用来计算样品失重率 W_t 与理论失重率 W_{max} 的比值，其计算公式为

$$\alpha = \frac{W_t}{W_{max}} \times 100\% \tag{4-2}$$

Jander 提出的一个扩散控速模型，该模型成功地将反应度与反应时间联系起来[3]。Jander 扩散控速模型的展开式目前已被广泛地应用于各个反应的动力学分析中，其计算公式为[4]

$$\alpha = 1 - (1 - \sqrt{Kt})^2 \tag{4-3}$$

在式（4-3）中，K 是反应速率常数，它对温度的公式可以描述为阿伦尼乌斯公式，即

$$K = A\exp\left(-\frac{\Delta E}{RT}\right) \tag{4-4}$$

式中 A——指前因子（频率因子），min^{-1}；

ΔE——表观活化能，J/mol；

R——理想气体常数，$R=8.314$ J/(mol · K)；

T——绝对温度，K。

将式（4-4）代入式（4-3）中，反应度可以进一步表示为

$$\alpha = 1 - \left[1 - \sqrt{At\exp\left(1 - \frac{\Delta E}{RT}\right)}\right]^2 \tag{4-5}$$

将不同温度下获得的参数分别代入方程式（4-5）中，进行绘图和拟合，结果如图 4-10 所示。Jander 扩散控速模型可以进行很好的拟合，拟合结果与实验结果基本吻合，而且发现反应 3 min 的反应度在 3 个温度下都低于理论值。这可能是由于样品刚刚被放入恒温区需要一个热扩散的过程，而 3 min 时间又相对较短。

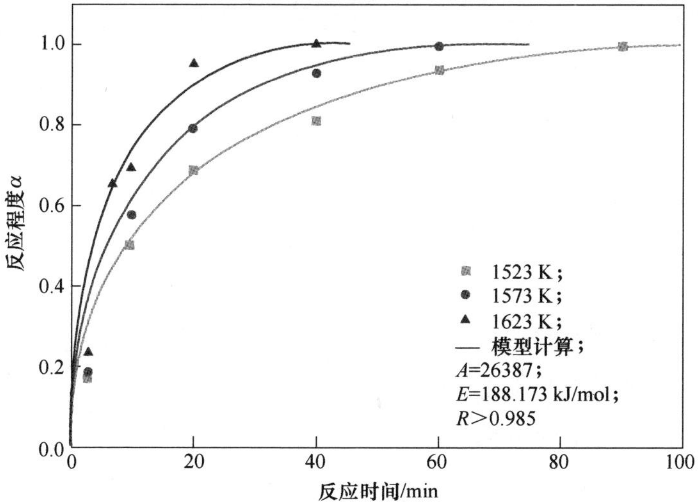

图 4-10 V_2O_3 的碳热还原氮化反应的动力学拟合曲线［体系中 $w(Fe)=40\%$］

拟合结果显示反应活化能为 188. 173 kJ/mol，因此碳热还原氮化过程对应的化学反应动力学公式可以表示为：

$$\alpha = 1 - \left[1 - \sqrt{2.6387 \times 10^4 t\exp\left(-\frac{188173}{RT}\right)}\right]^2 \tag{4-6}$$

4.3.2 铁液平衡状态分析

根据实验结果，发现液 Fe 相在高温反应过程中扮演了 C 的扩散通道的角色，使反应从固固反应转变成固液反应，促进了产品中残留 O 和 C 的消耗，进一步提高产品的 N 含量，因此在本节将重点从热力学角度分析液相 Fe 在高温过程中的平衡状态。

当反应温度为 1823 K 时，液态 Fe 相形成，产物 VN 相和残余 C 在 Fe 液中的溶解也同时发生。为了研究 Fe 液中平衡 C 含量、V 含量和 N 含量，进行了一系列的热力学计算，这部分计算可能在控制氮化钒铁产品的 C 含量方面扮演十分重要的角色。因此式（4-7）和式（4-8）在平衡计算中应该被考虑。假设反应的最后一个阶段是 VO［来自固溶体 V(C,N,O) 中］直接碳热还原氮化至 VN，而不是连续性的转变，因此为了近似的计算出 Fe 液中的平衡 C 含量，式（4-9）也应该被考虑在内。另外，式（4-7）的标准吉布斯自由能如式（4-10）所示[5]。

$$\frac{1}{2}N_2(g) =\!=\!= [N] \tag{4-7}$$

$$VN(s) \longrightarrow [V] + [N] \tag{4-8}$$

$$VO + [C] + \frac{1}{2}N_2 \longrightarrow VN + CO\uparrow \tag{4-9}$$

$$\Delta G_1^{\ominus} = -RT\ln K = 3598 + 23.89T \tag{4-10}$$

$$K_N = \frac{a_N}{(p_{N_2}/p^{\ominus})^{\frac{1}{2}}} \tag{4-11}$$

$$a_N = f_N w[N] \tag{4-12}$$

式中 K_N——反应速率常数；

p_{N_2}——碳热还原氮化过程中 N_2 分压，atm；

$w[N]$——溶解的平衡 N 含量；

T——绝对温度，K；

a_N——N 的活度；

f_N——N 的活度系数。

根据瓦格纳模型[6]，溶解 N 的活度系数可以推导为

$$\lg f_N = e_N^N w[N] + e_N^V w[V] + e_N^C w[C] \tag{4-13}$$

式中　e_N^i——铁液中元素 i 对 N 元素的一阶相互作用参数。式（4-13）中，i 为 N 元素

此外，据文献中所述[7]，e_N^N 的相互作用参数为 0。结合式(4-11)～式（4-13），K_N 可以推导为

$$\lg K_N = e_N^V w[V] + e_N^C w[C] + \lg w[N] - 0.5\lg p_{N_2} \tag{4-14}$$

对于公式（4-8），其标准吉布斯自由能[8]可以表示为

$$\Delta G_2^{\ominus} = - RT\ln K = 167000 - 83.7T \tag{4-15}$$

式（4-8）的平衡常数进而可以表示为

$$K_{VN} = a_N a_V = f_N f_V w[N] w[V] \tag{4-16}$$

基于瓦格纳模型，钒的活度系数可以表述为有关一阶相互作用参数的式子

$$\lg f_V = e_V^N w[N] + e_V^V w[V] + e_V^C w[C] \tag{4-17}$$

将式（4-15）、式（4-17）代入式（4-16）中，平衡常数 K_{VN} 可以表示为

$$\lg K_{VN} = \lg f_N + \lg f_V + \lg w[V] w[N] = \mathrm{e}_N^N w[N] + e_N^V w[V] + e_N^C w[C] + e_V^N w[V] + e_V^V w[V] + e_V^C w[C] + \lg w[V] w[N] \tag{4-18}$$

对于反应式（4-9），其标准吉布斯自由能可以表示为[9-10]

$$\Delta G_3^{\ominus} = - RT\ln K = 92776.78 - 88.4T \tag{4-19}$$

$$K = \frac{p_{CO}}{a_{[C]} p_{N_2}^{0.5}} = \frac{p_{CO}}{f_C w[C] p_{N_2}^{0.5}} \tag{4-20}$$

根据瓦格纳模型，溶解碳的活度系数可以推导为

$$\lg f_C = e_C^C w[C] + e_C^V w[V] + e_C^N w[N] \tag{4-21}$$

将式（4-21）代入式（4-20）中得到新方程为

$$\lg K = \lg p_{CO} - 0.5\lg p_{N_2} - e_C^C w[C] - e_C^V w[V] - e_C^N w[N] - \lg w[C] \tag{4-22}$$

因此式（4-14）、式（4-18）和式（4-22）分别简化为

$$e_N^V w[V] + e_N^C w[C] + \lg w[N] - 0.5\lg p_{N_2} - \lg K_N = 0 \tag{4-23}$$

$$e_N^N w[N] + e_N^V w[V] + e_N^C w[C] + e_V^N w[N] + e_V^V w[V] + e_V^C w[C] + \lg w[V] w[N] - \lg K_{VN} = 0 \tag{4-24}$$

$$\lg p_{CO} - 0.5\lg p_{N_2} - e_C^C w[C] - e_C^V w[V] - e_C^N w[N] - \lg w[C] - \lg K = 0 \quad (4\text{-}25)$$

其中式（4-23）~式（4-25）中的一些相互作用参数已经被相关研究者测量，并计算出来[8-12]，见表4-3。

表4-3　Fe-C-V-N体系热力学参数[7-11]

参数	参数值	温度/K	成分区间	参考文献
e_N^V	$-1220/T+0.554$	1873~1973	$w(V)<24\%$	[8]
e_V^N	$-4440/T+1.97$			
e_V^V	$470/T-0.22$			
e_N^C	$360/T-0.089$	1773~1933	$w(C)<6\%$	[9]
e_C^N	$308.5/T-0.076$			
e_V^C	-0.04114	1623~1923	$w(V)<27\%$	[10]
e_C^V	-0.00968			
e_C^C	0.14	1823~1873	$w(C)<0.4\%$	[11]

N_2分压对Fe液中平衡状态的成分影响结果如图4-11（a）所示，图中的点是利用表4-3中的相互作用参数计算得到的。图4-11（a）显示，N_2分压对Fe液中平衡C含量和N含量的影响非常小，Fe液中的C含量（质量分数）一直低于0.0015%。当N_2分压从0.9 atm（1 atm=101325 Pa）增加到0.99 atm，Fe液中的平衡V含量逐渐减小。图4-11（b）展示了反应温度对Fe液平衡状态的影响，随着温度的升高，平衡V含量和N含量明显提高，但平衡C含量依旧保持较低的水平。

基于上述热力学分析，在1823 K下制备得到氮化钒铁中Fe相的平衡V含量应该在6.7%~7%。利用电子探针进行WDS分析，得到Fe相中溶解的V含量约为6.15%，这与理论计算值非常接近。在碳热还原氮化过程中，尤其是反应的最后阶段，CO分压相当低，因此基于热力学计算，Fe相中平衡C含量应该被控制在极低的水平。然而实际上，含有15%Fe含量的氮化钒铁中的C含量为0.066%（这个结果是经过化学分析得到的）。与计算结果相比，在1823 K下得到的氮化钒铁的实际C含量要稍微高些。可能的原因如下。

（1）C含量的平衡计算主要是基于反应式（4-9）从VO到VN的还原反应。但是严格地说，在最后一个反应阶段，起始反应是从VO、VN和VC的固溶体开始。由于在这个固体溶中 VO 的活性低，Fe 相中的 C 含量需要更高才能继续还原。

（2）测量的 C 含量包含了 Fe 和 VN 相中的，但是计算的值只是 Fe 相中 C 含量。

（3）在实际反应中，反应动力学较慢，在 1823 K 下反应 3 h 无法达到平衡态。

按照国家标准对于氮化钒铁的成分要求，反应 3 h 的样品的 C 含量已经完全符合国家标准，完全没有必要反应更多时间以求达到热力学上最低含量，因此从热力学的角度，Fe 液的存在有助于促进 C 的深度还原，进而控制氮化钒铁中 C 含量在一个较低的水平，这也进一步解释了为什么产品中的 C 含量远低于钒氮合金。

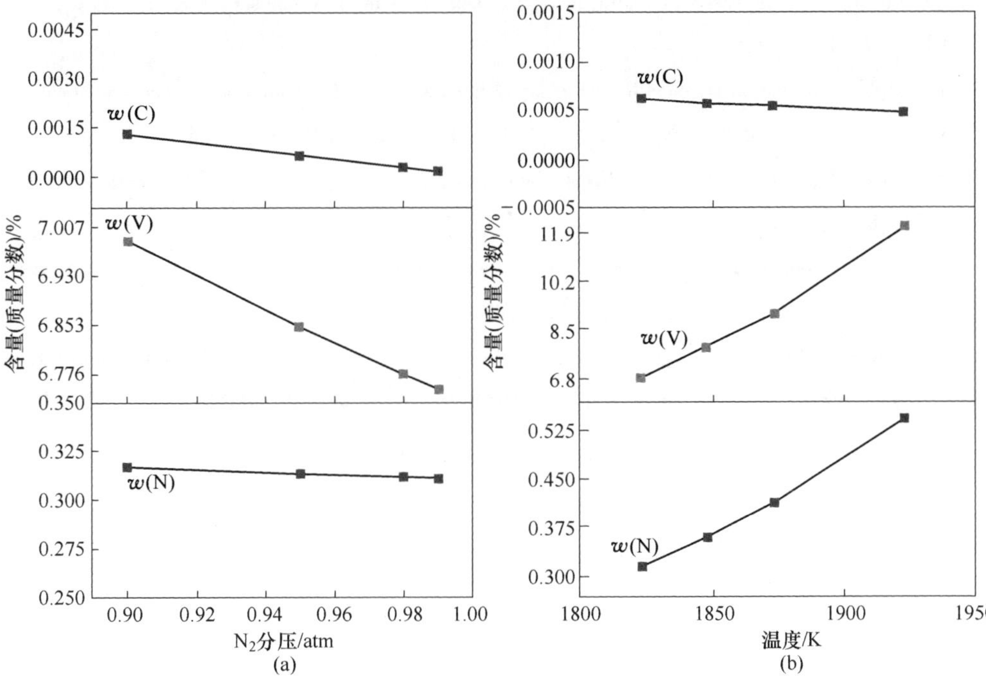

图 4-11　不同性质对 Fe 液的平衡状态的影响

（a）N_2 分压；（b）反应温度

参 考 文 献

[1] Gou H P, Zhang G H, Hu X J, et al. Kinetic study on carbothermic reduction of ilmenite with activated carbon [J]. Transactions of Nonferrous Metals Society of China, 2017, 27 (8):

1856-1861.

[2] Tripathy P K, Sehra J C, Kulkarni A V. On the carbonitrothermic reduction of vanadium pentoxide [J]. Journal of Materials Chemistry, 2001, 11 (2): 691-695.

[3] Jander W. Reaktionen im festen Zustande bei höheren Temperaturen. Reaktionsgeschwindigkeiten endotherm verlaufender Umsetzungen [J]. Zeitschrift für anorganische und allgemeine Chemie, 1927, 163 (1): 1-30.

[4] Dickinson C F, Heal G R. Solid-liquid diffusion controlled rate equations [J]. Thermochimica Acta, 1999, 340: 89-103.

[5] Pehlke R D. Solubility of nitrogen in liquid iron alloys [J]. Transactions of the Metallurgical Society of AIME, 1960, 218: 1088-1101.

[6] Wagner C. Thermodynamics of alloys [M]. Cambridge: Addison-Wesley, 1952.

[7] Sieverts A, Zapf G. Eisen und stickstoff [J]. Zeitschrift für Physikalische Chemie, 1935, 172 (1): 314-315.

[8] The 19th committee on steelmaking, the Japan Society for the Promotion of Science. Steelmaking Data Aourcebook [M]. Tokyo: Gordon and Breach Science Publishers, 1988.

[9] Sigworth G K, Elliott J F. The thermodynamics of liquid dilute iron alloys [J]. Metal Science, 1974, 8 (1): 298-310.

[10] Bale C W, Bélisle E, Chartrand P, et al. FactSage thermochemical software and databases-recent developments [J]. Calphad, 2009, 33 (2): 295-311.

[11] Gomersall D W, Mclean A, Ward R G. The solubility of nitrogen in liquid iron and liquid iron-carbon alloys [J]. Transactions of the Metallurgical Society of AIME, 1968, 242 (7): 1309-1315.

[12] Kim D H, Paek M K, Kim T J, et al. Carbon solubility in liquid iron containing V, Mo and Ni [J]. Materials Transactions, 2014, 55 (3): 610-615.

5 碳高温过程反应行为分析

作为碳热还原氮化过程制备氮化钒铁的主要还原剂，C 在整个制备过程中起到至关重要的作用，对氮化钒铁最终品质影响极大。目前，尚未有相关文献比较系统地研究碳在碳热还原氮化反应的各个温度段的行为。摸清 C 在各个反应阶段中的反应行为，对碳热还原氮化法细节的改善，氮化钒铁品质的提高及扩大制备规模具有一定的科学指导作用，因此本章将 C 与 V_2O_5 单独拉出来，分析 C 在各个温度阶段的反应行为，并对其反应机理进行详细的分析。

5.1 实验原料和过程

本章所使用的实验装置为高温可控气氛竖式硅钼炉（见图 2-4）和高温可控气氛卧式硅碳炉（见图 5-1）。为了研究碳热还原氮化过程中碳的反应行为及氨气还原氮化方法的可行性，搭建的装置如图 5-1 所示。硅碳炉配套的加热器件是 6 根 Si-C 棒；测温器件是单铂铑热电偶。该装置主要应用于中低温试验，最高实验温度为 1473 K。

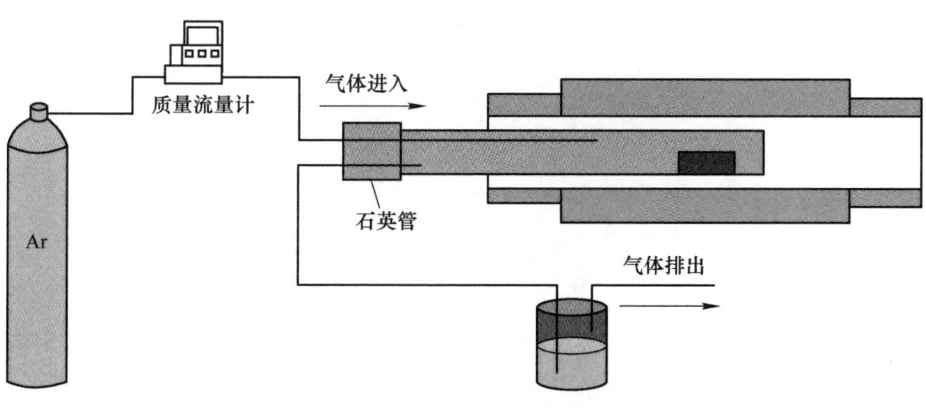

图 5-1　高温可控气氛卧式硅碳炉

实验中所用 V_2O_3 纯度为95%。由于 V_2O_3 在空气中不稳定，易被氧化，不易制备高纯度的粉末。图5-2为购买到的 V_2O_3 物相分析谱图，从图中可以看到，没有检测到其他氧化物的衍射峰，因此原始材料 V_2O_3 还是相对较纯的。

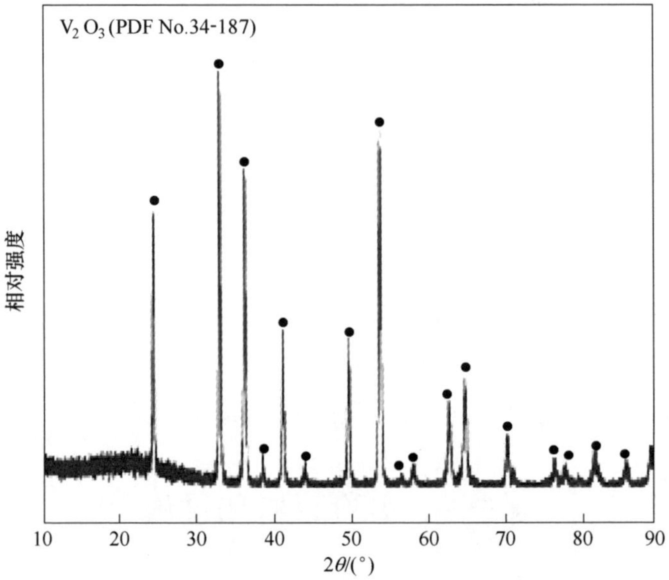

图5-2　V_2O_3 的X射线衍射图谱

图5-3为 V_2O_3 颗粒的原始形貌，放大倍数为5000倍，可以看到颗粒基本呈现近似椭球形，部分颗粒较大，由小颗粒之间的颈部烧结而成，粒径范围为200 nm~2 μm。

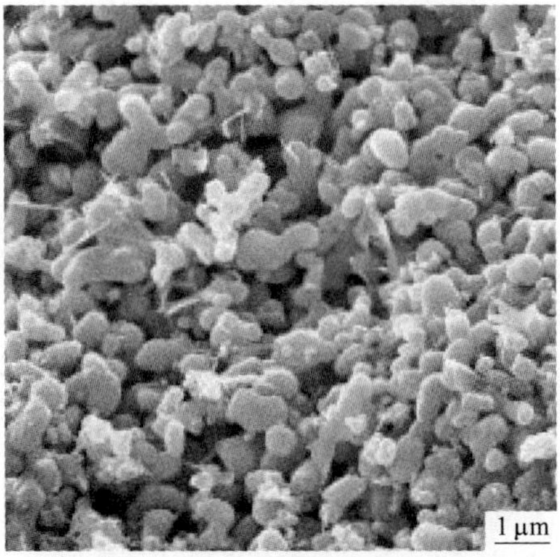

图5-3　V_2O_3 的原始形貌图

此外，检测了 V_2O_3 的粒度分布（见图 5-4），其中横坐标为颗粒半径，纵坐标分别为累计体积分数和体积分数。从图中可以看出，V_2O_3 颗粒的平均粒度为 2.492 μm，其中 D10 为 1.369 μm（粒径小于 1.369 μm 的颗粒占总数的 10%），D50 为 2.453 μm，D90 为 4.588 μm。

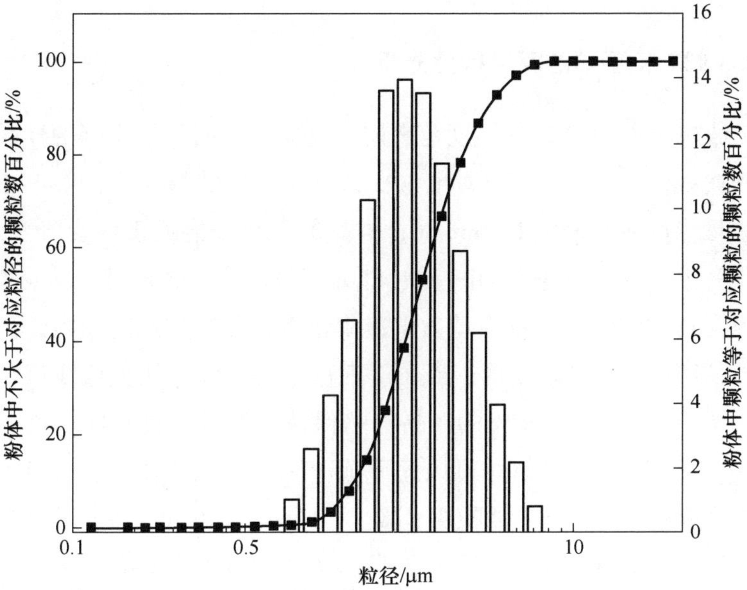

图 5-4 V_2O_3 的粒径分布图

根据化学反应式（5-1）~式（5-3）中元素化学计量比，将一定比例的 V_2O_5 或 V_2O_3 和石墨进行称量、混合、混匀。用不锈钢压样器在 250 MPa 的压力下将混合粉末压制成块体，并将块体置于坩埚中。当炉内恒温区温度达到指定温度（923 K、948 K、973 K、1323 K、1373 K、1423 K、1473 K、1523 K、1573 K 或者 1623 K），将坩埚快速放入卧式炉或者竖式炉中。反应一定时间后，立即取出样品，在 Ar 气氛的保护下冷却。整个反应过程中一直以 500 mL/min 的流量通入 Ar 或者 N_2，其中在 923~973 K 温度段和 1323~1423 K 温度段通入 Ar，在 1473 K 和 1673 K 温度段通入 N_2。另外，需要分别称量反应前后的样品的质量。

$$V_2O_5 + C = 2VO_2 + CO \tag{5-1}$$

$$V_2O_5 + 2C = V_2O_3 + 2CO \tag{5-2}$$

$$V_2O_3 + 3C + N_2 = 2VN + 3CO \tag{5-3}$$

将各个温度下经碳热还原反应得到的样品进行研磨，待均匀后，取少量粉末分别进行物相分析和形貌分析。另外，为了证明中间物相的形成和定量分析，通过 FullProf 精修软件对个别样品的 XRD 图谱进行全谱精修。

5.2 实验结果与讨论

5.2.1 923~937 K 下碳的反应行为分析

图 5-5 是在 923~973 K 的温度范围内，反应不同时间后得到的样品的宏观照片和失重率曲线。从图 5-2 可以看出，在高于 923 K 的温度下，碳热还原反应迅速进行，并且当反应时间为 60 min 时，样品的失重率接近于理论值（12.26%），这与产生单一 VO_2 相的失重率相一致；然而当温度为 923 K 时，反应速率明显下降，这是因为在此温度下，反应动力学速率较慢，很难在短时间内达到理论的失重率。此外从图 5-5 中可以发现，当失重率很小时，除了颜色从浅黄色变成深蓝色（扫二维码见彩图），所获得的产品仍然保持着圆柱形的形状。这表明在反应很短时间后，只有一部分 V_2O_5 可以还原成 VO_2。当温度上升到 948 K 或 973 K 时，失重率接近理论值，样品体积明显减少；同时，块体的形状变得不规则，这个现象的原因可能是固体 V_2O_5 的低熔点性质（943 K）。当温度高于 V_2O_5 的熔点，V_2O_5 逐渐融化，反应由固固反应转变成固液反应，还原反应的动力学速率大大增强了。

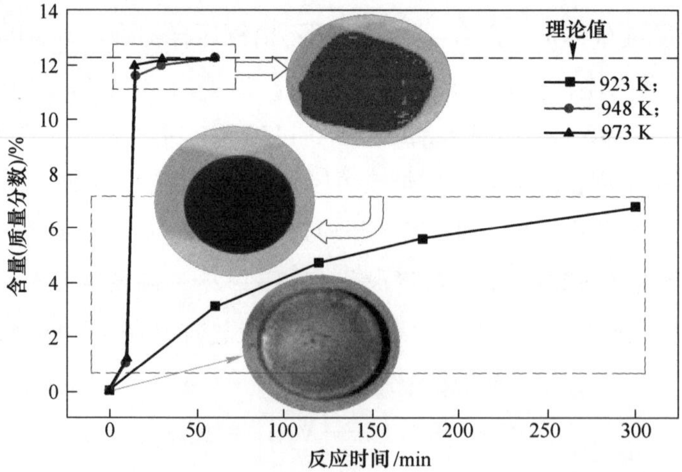

图 5-5 不同温度下的失重率曲线和反应样品的宏观形貌

扫一扫

查看彩图

为了进一步研究碳热还原过程，对反应产品的物相进行分析。图 5-6 展示了含有不同 C/O 摩尔比的样品在 973 K 下反应 1 h 后的物相。XRD 结果表明，当 C/O 摩尔比为 0.55 时，碳热还原得到的样品由 VO_2（JCPDS 33-1441，空间群 C2/m，a=9.083 nm，b=5.763 nm，c=4.532 nm）和 V_6O_{13}（JCPDS 27-1318，空间群 C2/m，a=11.922 nm，b=3.68 nm，c=10.138 nm）组成。这说明当 C/O 摩尔比为 0.55 时，配 C 量不足以将 V_2O_5 完全还原至 VO_2。值得注意的是，V_6O_{13}和 VO_2 结构一样，均为单斜体，分别如图 5-7（a）（b）所示。当 C/O 摩尔比增加到 0.6 时，所有的特征峰都属于 VO_2 相，表明 V_2O_5 被完全还原为 VO_2。在还原过程中，钒氧化物也从正交晶系换成单斜晶系。当 C/O 摩尔比大于 0.6 时，V_2O_5 可以完全还原成 VO_2，而过量 C 峰也被检测到，并没有发生进一步的碳热还原反应。因此最佳的 C/O 摩尔比是 0.6。另外，最佳值远低于 1，这可能是由于 CO_2 气体的生成。体系的气相产物主要由 CO_2 与 CO 组成，对应的比例分别约为 80% 和 20%。

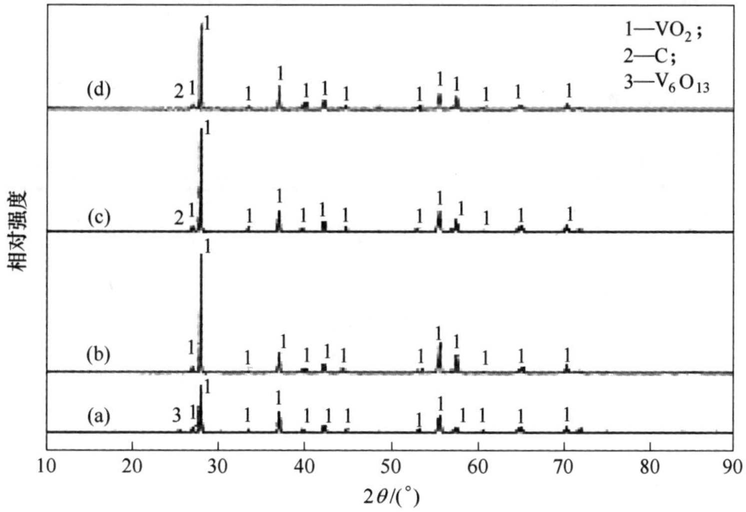

图 5-6　973 K 下 C/O 摩尔比对产品物相影响

（a）C/O=0.55；（b）C/O=0.6；（c）C/O=0.65；（d）C/O=0.7

图 5-8~图 5-10 分别是在不同温度下反应不同时间后的产物的 XRD 谱图。从图 5-8 可以看出，在 923 K 下，所有获得的样品均由 V_2O_5、V_6O_{13}、VO_2 和 C 组成，随着反应时间的增加，V_2O_5 的衍射峰值的强度仅是稍微地下降。这表明在该温度下，碳热还原 V_2O_5 为固固反应，受限于固体颗粒之间较慢的扩散过程，

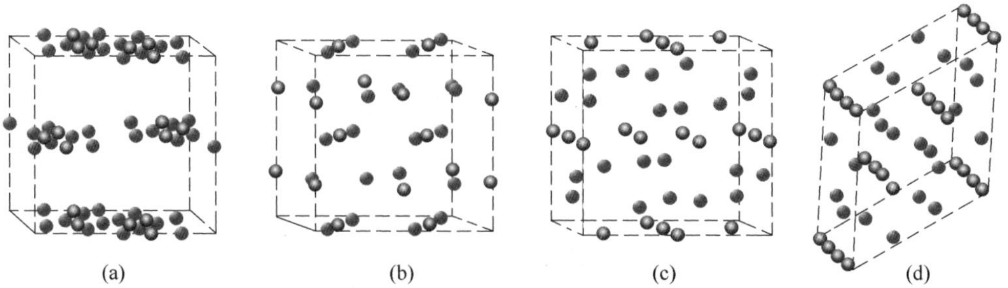

图 5-7 钒氧化物晶体结构图

(a)(e1)V_6O_{13}(C2/m);(b)(e2)VO_2(C2/m);(c)(e3)V_3O_5(P2/c);(d)(e4)V_2O_3(R-3c)

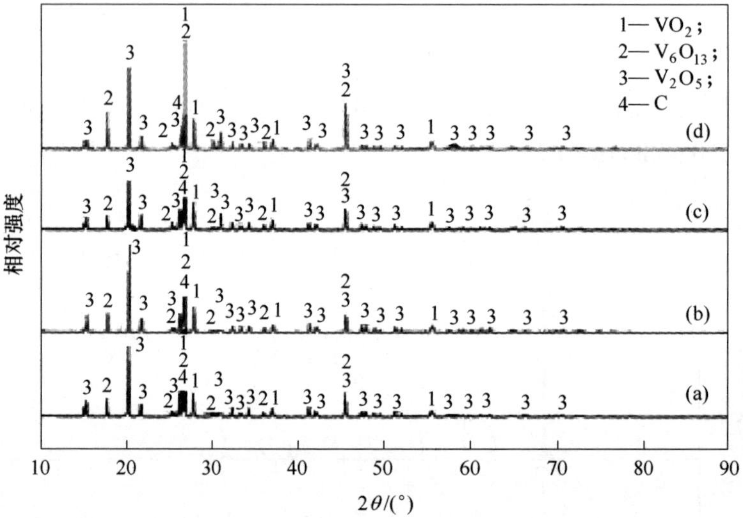

扫一扫

查看彩图

图 5-8 923 K 下反应不同时间后的产物的 XRD 谱图

(a) 60 min;(b) 120 min;(c) 180 min;(d) 300 min

该反应的反应速率非常慢，很难迅速完成碳热还原反应，这与图 5-5 中的失重率曲线结果正好吻合。然而，当温度上升到 948 K 时，V_2O_5 的特征峰在15 min内完全消失，而且在反应 60 min 后，所有的特征峰都属于 VO_2，无其他杂质相。结合图 5-5 所示的宏观形态的变化，可以推断出，随着温度的升高，固体 V_2O_5 被熔化，碳热还原反应由原来的固固反应转变成固液反应，反应动力学大大提高了。此外，从图 5-10 中观察到，在反应 15 min 或 30 min 后，除了 VO_2 之外，还检测到少量 V_6O_{13}相的存在，因此反应可以进一步描述为

$$V_2O_5 + \frac{2}{3}C = \frac{1}{3}V_6O_{13} + \frac{2}{3}CO \tag{5-4}$$

$$\frac{1}{3}V_6O_{13} + \frac{1}{3}C = 2VO_2 + \frac{1}{3}CO \tag{5-5}$$

当温度进一步上升到 973 K 时，产品的 XRD 谱图（见图 5-10）与 948 K 的结果相似。然而很明显的是，反应 30 min 后，可以获得单一相 VO_2。这表明相比于 948 K，碳热还原反应的速率在 973 K 下得到进一步的改善。

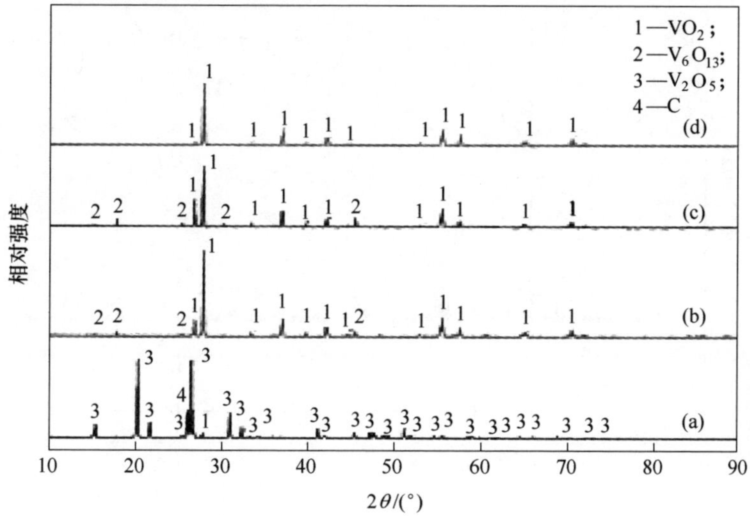

扫一扫

查看彩图

图 5-9 948 K 下反应不同时间后的产物的 XRD 谱图

（a）10 min；（b）15 min；（c）30 min；（d）60 min

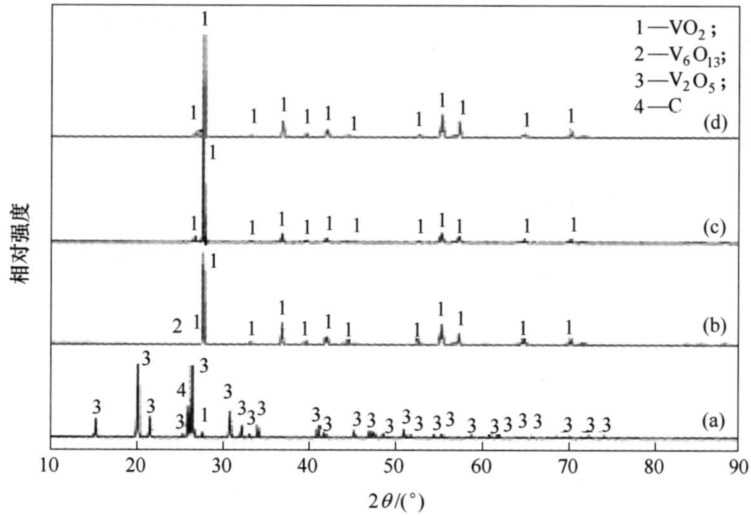

扫一扫

查看彩图

图 5-10 973 K 下反应不同时间后的产物的 XRD 谱图

（a）10 min；（b）15 min；（c）30 min；（d）60 min

为了进一步量化各个物相的质量分数，尝试建立了一种两相模型（即 VO_2 和 V_6O_{13}相的模型），以精修晶体结构。在图 5-11 中，可以观察到数据（黑圈），拟合曲线（红线），以及它们的差异曲线（底线）。另外，布拉格反射位置是由

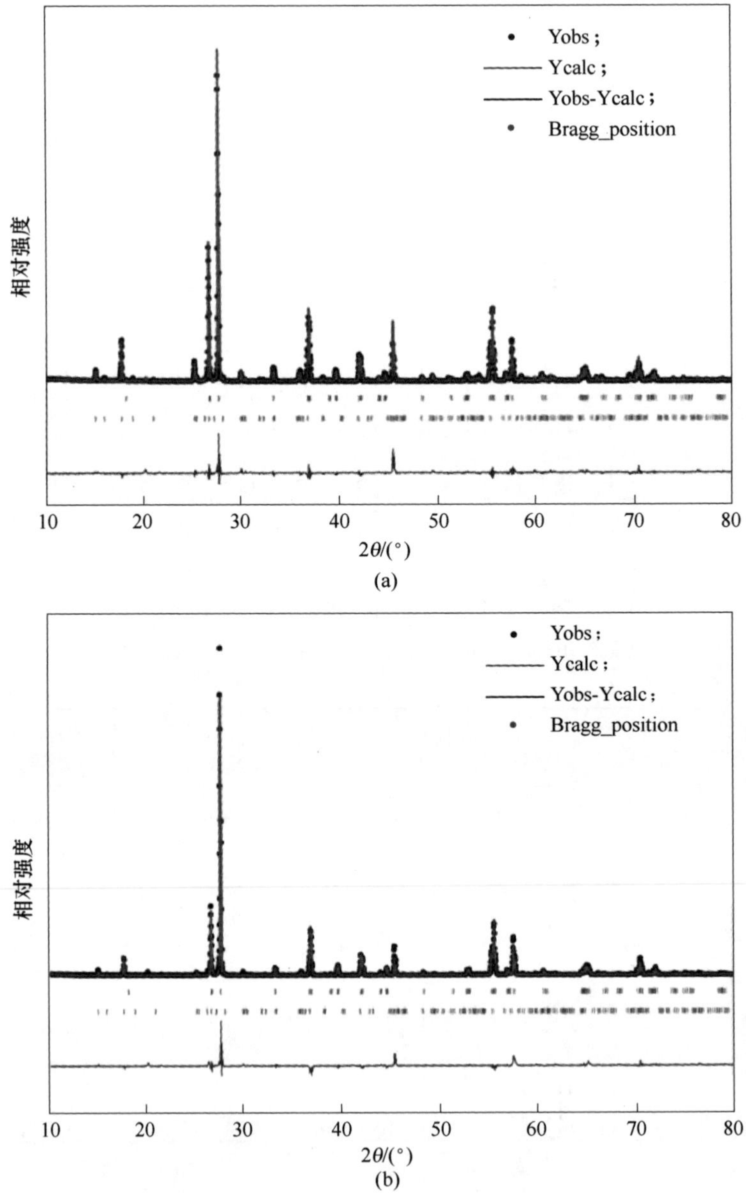

扫一扫
查看彩图

图 5-11　不同时间样品的 Rietveld 全谱精修图谱（948 K）

（a）15 min；（b）30 min

绿色的竖条表示的。结果表明，该 XRD 谱图与精修拟合结果误差较低，能够满足定量要求。在反应 15 min 后，V_6O_{13}相的含量（质量分数）是6.97%；当反应时间增加到 30 min 时，V_6O_{13}相的含量减少到 3.94%。这个定量结果进一步证实了在 948 K 还原过程中，中间相 V_6O_{13}的形成。

5.2.2 1323~1423 K 下碳的反应行为分析

图 5-12 是含有不同 C/O 摩尔比的样品在 1423 K 下反应 2 h 后的物相分析图谱。结果显示，在 1423 K 下，碳热还原的最终产物不是 VO_2，而是 V_2O_3 相。这表明在 1323~1423 K 下，VO_2 不再是稳定相，V 的低价氧化物能够被进一步还原至 V_2O_3。另外，C/O 摩尔比的最佳值依旧为 0.6。随着 C/O 摩尔比的继续提高，XRD 图谱里出现了 C 的特征峰，同时无其他 V 的化合物或者单质形成。

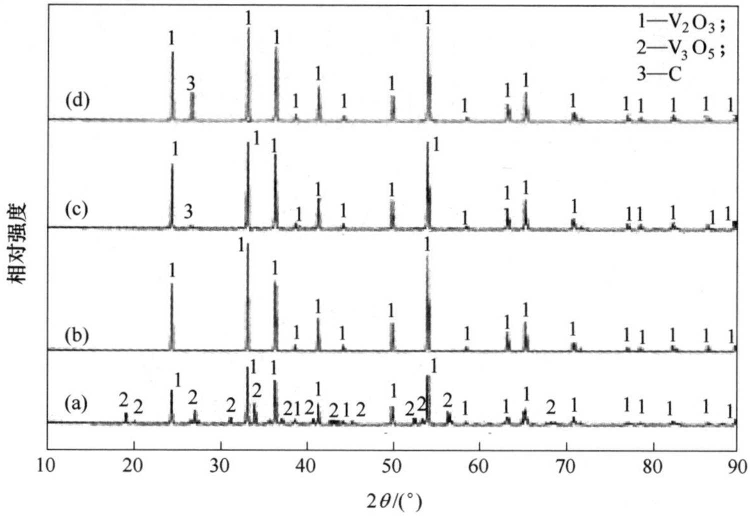

图 5-12 1423 K 下 C/O 摩尔比对产品物相影响

（a）C/O=0.5；（b）C/O=0.6；（c）C/O=0.65；（d）C/O=0.8

图 5-13 展示了不同温度下反应 2 h 后的样品的 XRD 谱图。据观察，当样品在 1323 K 发生反应后，所有的特征峰都被确定为 V_2O_3（JCPDS 34-187，空间群 R-3c，a=4.954 nm，c=14.0083 nm），V_3O_5（JCPDS 38-1181，空间群 P2/c，a=9.857 nm，b=5.0403 nm，c=6.990 nm）和 C。当温度升高到 1373 K，V_3O_5 和 C 的衍射峰强度明显下降。当温度为 1423 K 时，C 和 V_3O_5 的峰完全消失［单斜结构，图 5-7（c）］，所有特征峰都是 V_2O_3 的，它属于密集型六角形结构［图 5-

7（d）]。这可能是因为当温度为 1323 K 或者 1373 K 时，V_2O_5 快速熔化，碳热还原反应迅速发生，V_2O_5 被还原至其他价钒的氧化物；当 V_2O_5 被完全碳热还原后，其他价钒的氧化物被进一步还原。由于其他价钒的氧化物熔点都比较高，碳热还原反应再次由固液反应转变成固固反应，受限于颗粒之间扩散环节，反应后期还原速率降低。这也解释了为什么在 1323 K 和 1373 K 下反应 2 h 后，V_2O_5 相完全消失，却无法完全转化成 V_2O_3。随着温度提升至 1423 K，固体颗粒之间扩散速度提高，促进了反应的进行，进而能够完全还原成 V_2O_3。

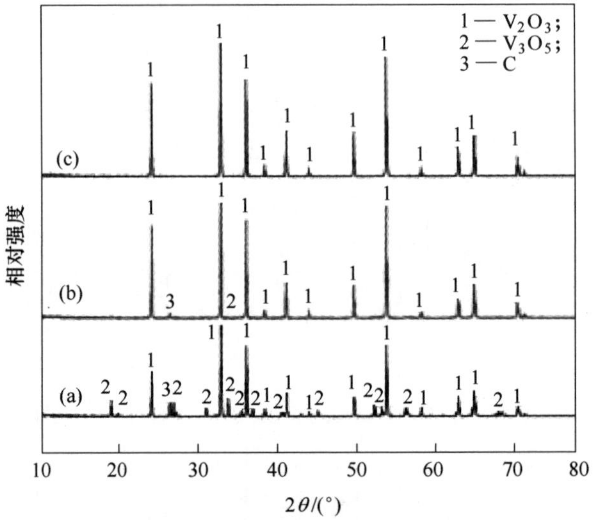

图 5-13　不同温度下反应的产品物相（2 h）

（a）1323 K；（b）1373 K；（c）1423 K

图 5-14 是在 1423 K 下反应不同时间后产品的 XRD 谱图。研究发现，在反应进行 0. 5 h 后，一小部分 V_3O_5 仍然存在于产品中。为了量化物相分数，对 XRD 结果进行了 Rietveld 全谱精修。如图 5-15 所示，反应 0. 5 h 后得到的样品的 XRD 谱图与精修拟合结果误差较低，能够满足定量要求。经分析，得到在 1423 K 下反应 0. 5 h 后，产品中 V_3O_5 相的含量（质量分数）为 10. 31%，这进一步证实了在1323～1423 K 的还原段，V_3O_5 中间相的形成。在反应进行 2 h 后，V_3O_5 的峰值完全消失了，所有的氧化物都被还原至 V_2O_3。与 973 K 的反应过程相比，当温度为 1423 K 时，没有观察到 VO_2 和 V_6O_{13} 这两个物相，可能是由于反应速率高，因此基于实验结果得出结论：在 1323～1423 K 下的碳热还原过程中的物相转换可以大致描述为

$$V_2O_5 + \frac{5}{3}C \xlongequal{\quad} \frac{2}{3}V_3O_5 + \frac{5}{3}CO \tag{5-6}$$

$$\frac{2}{3}V_3O_5 + \frac{1}{3}C \xlongequal{\quad} V_2O_3 + \frac{1}{3}CO \tag{5-7}$$

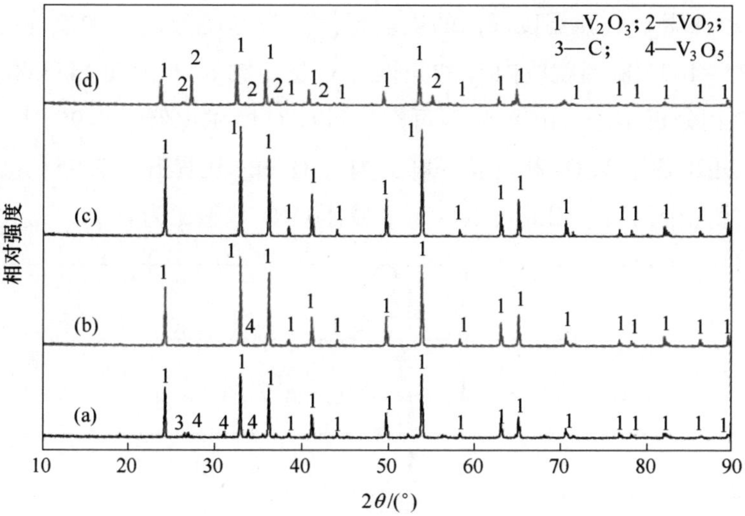

图 5-14 反应时间对产品物相影响（1423 K）

（a）0.5 h；（b）1 h；（c）2 h；（d）4 h

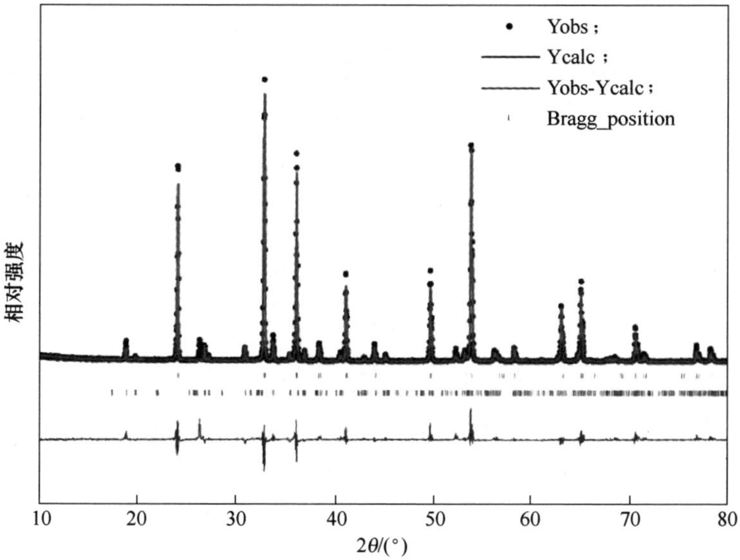

扫一扫

查看彩图

图 5-15 反应 30 min 的样品的 Rietveld 全谱精修谱图（1423 K）

5.2.3 1473~1673 K 下碳的反应行为分析

由上一节分析可知，在 1423 K 下，V_2O_5 能够迅速地被碳热还原成 V_2O_3，并没有发生进一步的还原反应。为简化 1473~1673 K 温度段内反应过程，直接以 V_2O_3 为原料探索 C 在该温度段内的反应行为。为方便分析 C 的反应行为，首先分析在 1473~1673 K 温度段内 C 的最佳配 C 量。图 5-16 为在 1473 K、反应 2 h 时样品的物相分析结果。由图 5-16 可知，当 C/O 摩尔比低于 0.95 时，除了生成物 VN 相，还出现了 V_2O_3 相的特征峰；当 C/O 摩尔比提升至 0.95，仅有 VN 相，V_2O_3 相的峰完全消失。因此可以认为，最佳 C/O 摩尔比为 0.95。

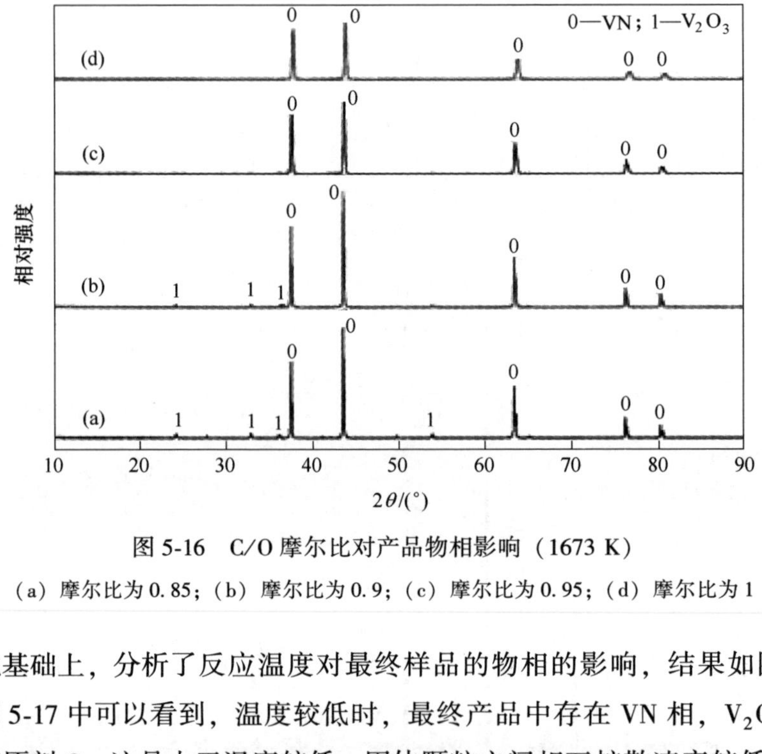

图 5-16 C/O 摩尔比对产品物相影响（1673 K）

（a）摩尔比为 0.85；（b）摩尔比为 0.9；（c）摩尔比为 0.95；（d）摩尔比为 1

在此基础上，分析了反应温度对最终样品的物相的影响，结果如图 5-17 所示。从图 5-17 中可以看到，温度较低时，最终产品中存在 VN 相，V_2O_3 相及未反应的还原剂 C。这是由于温度较低，固体颗粒之间相互扩散速率较低，还原动力学速率不高，反应无法在 2 h 内完全结束，并且当温度提升到 1523 K，还原速度增加，V_2O_3 相和未反应的 C 的特征峰皆逐渐减弱。当温度提升至 1573 K，杂质相最终消失，从而得到单一的 VN 相产品。图 5-18 展示了在 1573 K 下反应不同时间后样品的物相的 XRD 谱图。图 5-18 中结果与图 5-17 基本一致，在1573 K 下，随着反应的进行，V_2O_3 和 C 的峰强度一直降低，最终消失。当碳热还原进行 2 h，便可得到单一的 VN 相。从图 5-18 中可以发现，没有其他中间相的产生。因此在 1473～1673 K 温度段内，碳的反应仅为反应式（5-3），并无其他反应，这个结果与第 2 章中热力学分析结果是一致的。

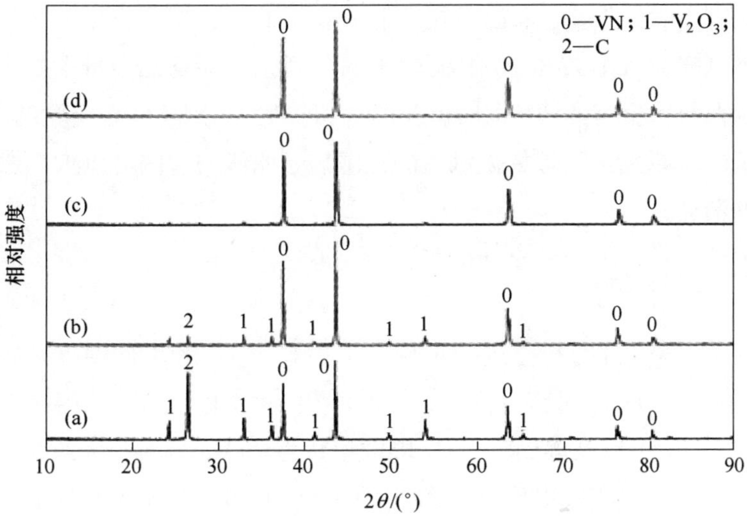

图 5-17　反应温度对产品物相影响（摩尔比为 0.95）

（a）1473 K；（b）1523 K；（c）1573 K；（d）1623 K

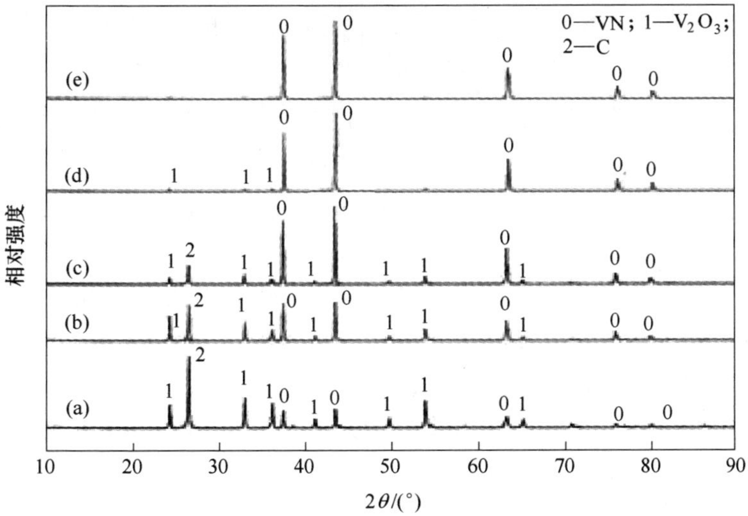

图 5-18　反应时间对产品物相影响（1573 K）

（a）10 min；（b）20 min；（c）40 min；（d）60 min；（e）120 min

综合上述三个温度阶段（923~973 K、1323~1423 K 和 1473~1673 K）内的C 的反应行为分析，当温度低于 V_2O_5 熔点，即使反应 5 h，V_2O_5 很难完全还原成低价钒氧化物，这个结果与之前设想有一定出入。因此在第 2 章提出的碳热还原氮化制备氮化钒铁中低温预还原段并没有达到预期结果，即低温预还原阶段结束，仍将会有不少的 V_2O_5 未被还原。但更重要的是，在研究中，将 V_2O_5 在 Ar 气氛保护下直接放入 1423 K 的高温炉中 1 h，反应前后样品质量未发生变化，并未发现文献及钒冶金书本[1-4]中所提及的“钒挥发”。因此结合实验结果，在第 2 章提出的碳热还原氮化制备氮化钒铁的低温预还原段的时间可以大幅缩短，以减少没必要的消耗。

5.2.4 微观形貌分析

通过利用 FE-SEM 分析，进一步分析了原料 V_2O_5 和不同温度下得到的 VO_2（973 K，1 h）、V_2O_3（1423 K，2 h）和 VN（1573 K，2 h）粉末的微观结构。从图 5-19（a）中可以观察到，V_2O_5 颗粒形状为柱状，其直径大约为 10 μm，这些柱体是由大量的小颗粒组成的。图 5-19（c）显示，在 973 K 反应 1 h 后得到的 VO_2 颗粒的微观结构，发现所有的粒子均为柱状，直径约为 4 μm。此外，这些颗粒表面光滑，没有气孔，这可能是 V_2O_5 的融化造成的[5]。表 5-1 中 α 样品的 O/V 原子比接近 2，进一步证明了这些颗粒为 VO_2。表 5-2 中是 V-O 和 V-N 体系物质的主要物理特性[6-8]。由于 $VO_{2.5}$（V_2O_5）的摩尔体积大于 VO_2，当 1 mol V_2O_5被完全还原为 2 mol 的 VO_2 时，体积将减少 29.5%。当温度高于 V_2O_5 的熔点时，V_2O_5 将会融化，而碳热还原很快就会发生。由于体积的减小和 V_2O_5 的熔化，维持原有的微观结构是非常困难的。该样品的 EDS 结果（见表 5-1）进一步表明，图 5-19（f）中所示的这些颗粒为 V_2O_3。与图 5-19（c）所示的 VO_2 相比，V_2O_3 颗粒的尺寸［见图 5-19（e）］稍微小一些，同时形貌变得更加不规则，而且这些颗粒中形成了大量的气孔。原因可能是从 V_2O_5 到 V_2O_3，体积收缩率为 43.2%。由于高温下的高动力学速率，大量气体在短时间内产生并从样品中逸出，导致 V_2O_3 颗粒的高孔隙度。

与图 5-19（e）中的 V_2O_3 颗粒相比较，图 5-19（h）中 VN 颗粒小了很多，似乎是遗传了 V_2O_3 颗粒的形貌，只是表面出现了更多较大的气孔，以致看上去是由无数个极小尺寸的颗粒聚集而成。这些孔隙形成的原理与上面的物相转变基本一致。从表 5-2 中得到，当 1 mol V_2O_3 完全转化为 2 mol 的 VN 时，颗粒体积收缩率约为 31.16%。

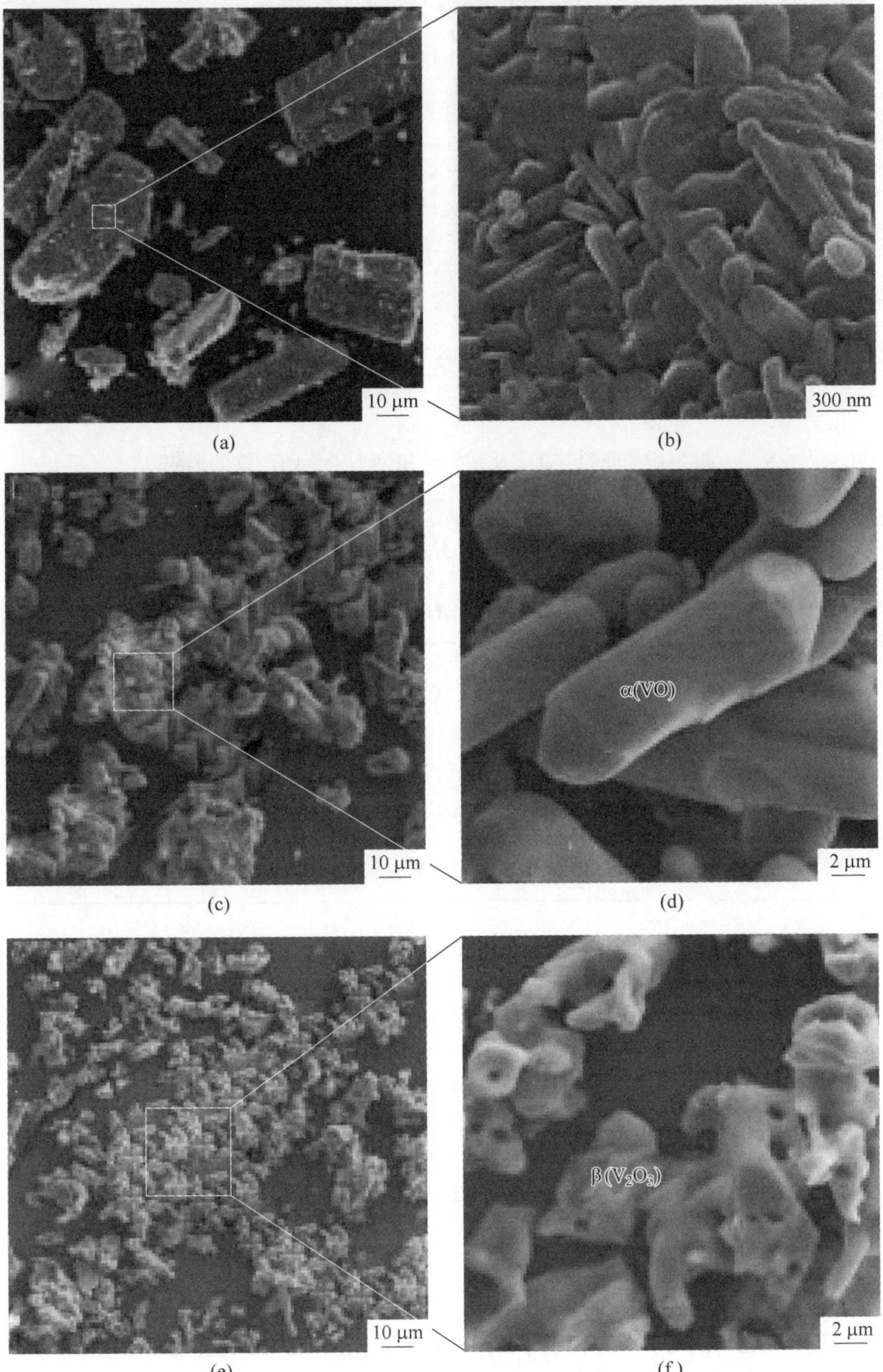

(a) (b)

(c) (d)

(e) (f)

(g)　　　　(h)

图 5-19　原料 V_2O_5 及在不同温度下得到的产物的形貌

(a) 原料；(b) 973 K；(c) 1423 K；(d) 1573 K；(e) 1423 K；(f) 1423 K 局部放大图；(g) 1573 K；(h) 1573 K 局部放大图

表 5-1　VO_2 和 V_2O_3 样品的能谱结果

样品	元素	质量分数/%	原子数分数/%
α	O(K)	41.69	69.48
	V(K)	58.31	30.52
β	O(K)	29.21	58.95
	V(K)	62.68	39.72
	Au(M)	8.11	1.33

表 5-2　V-O 和 V-N 体系物质的摩尔体积[6-8]

物质	摩尔质量/($g \cdot mol^{-1}$)	密度/($g \cdot cm^{-3}$)	摩尔体积/($cm^3 \cdot mol^{-1}$)
$V_2O_5/VO_{2.5}$	182/91	3.357	54.22/27.11
VO_2	83	4.339	19.12
$V_2O_3/VO_{1.5}$	150/75	4.87	30.8/15.4
VN	65	6.13	10.6

5.2.5　恒温反应动力学

鉴于在第 2 章中已经从热力学角度分析了 V_2O_3 的碳热还原氮化过程，在这部分就不重复解释，因此本部分主要集中分析温度在 1423 K 以下的碳的反应行为，即 V_2O_5 被碳还原至 V_2O_3 的反应过程。

基于上述各个温度段的实验结果，利用 FactSage 7.0 计算了在碳热还原 V_2O_5 的过程中发生的反应的标准吉布斯自由能变化，结果如图 5-20 示，其中由于 FactSage 7.0 的数据库中缺乏与 V_6O_{13} 相关的数据，直接计算了 V_2O_5 还原至 VO_2 的 $\Delta G^\ominus$。从图 5-20 中可以观察到，在 923～1423 K 的温度范围内，反应式(5-1)、式（5-6）、式（5-7）的 $\Delta G^\ominus$ 总是负值，表明从热力学角度，这些反应完全可以进行的。更何况，由于始终通入保护气氛至体系内，气相产物 CO 的分压远远小于 1 atm，这些反应的实际起始反应温度更低。然而如图 5-8 所示，即使在 923 K 反应下 5 h 后，也很难将所有的氧化物还原成 VO_2，这可能是因为固固反应速率相对较低，限制了反应的进行。

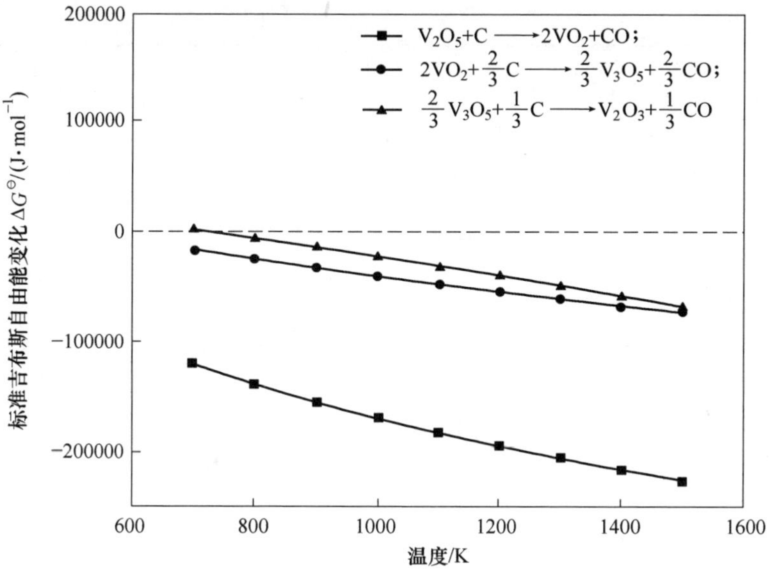

图 5-20 V_2O_5 的低温碳热还原反应的热力学计算

从图 5-14 中可以发现，在 1423 K 下反应 4 h 后，一些 VO_2 存在于产品中被检测到，但是在反应时间为 2 h 的样品并没有观察到 VO_2 相。从宏观物相上看，在 V_2O_3 粉末的表面形成了一个薄而深蓝色的层。在目前的实验条件下，原因可能是 V_2O_3 倾向于被氧化为 VO_2。为了证实这一点，图 5-21 显示了在 1423 K 下的 V-O-C 系统的主要区域相图（由热力学软件 FactSage 7.0 计算）。由于高纯 Ar 的一直通入炉内，Ar 的分压设置为大约 0.99995 atm（1 atm = 101325 Pa）。从图

5-21 可以看出，稳定相对 O_2 的分压很敏感。从热力学的角度来看，当 O_2 的分压在 10^{-8}~10^{-1} atm 的范围内时，V_2O_3 到 VO_2 的氧化可能会发生，这与目前的实验结果一致，Kwon 等人也得到了同样的结论[9]。由于超低氧分压，氧化速率非常慢，因此氧化只发生在 V_2O_3 颗粒的表面。与反应 4 h 后得到的 V_2O_3 粉末相比，氧化现象在反应时间为 2 h 的样品没有发生，这表明时间控制对于避免 V_2O_3 粉末氧化也很重要。

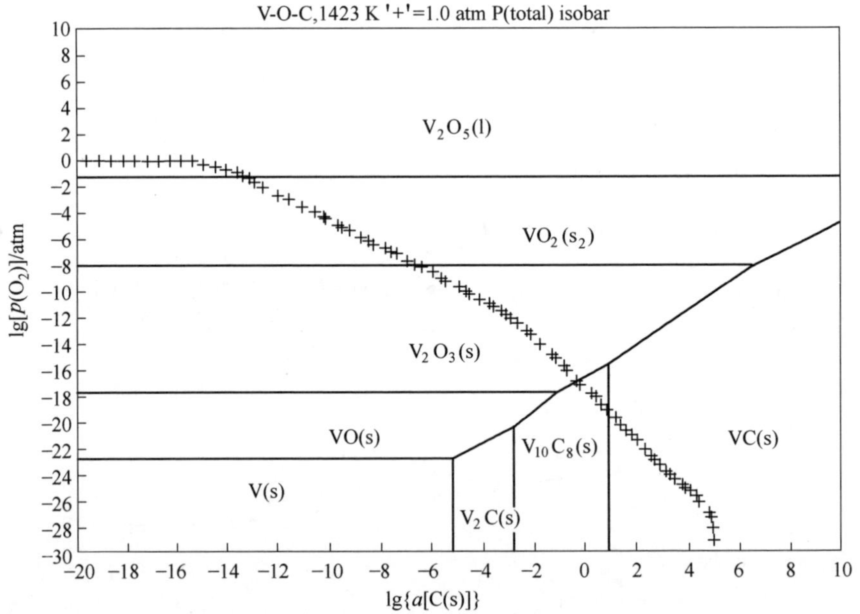

图 5-21　1423 K 下 V-O-C 系统的优势区图

5.2.6　反应机理分析

通过以上分析，分别总结了 923~973 K 和 1323~1423 K 两个温度段的碳热还原过程的反应机理，如图 5-22 所示。同样，鉴于在第 2 章中分析了高温段的碳热还原氮化过程，就不在此重复分析了。

Gai 等[10]认为，在还原条件下，表面发生了轻度的还原反应（通过化学反应后晶格氧的损失形式），还原产生的阴离子空缺具有较大的驱动力。这种严重扭曲的斜方晶系结构涉及一定的晶格应变，导致多面体的剪切和重排现象的发生。最终形成了一种更规范、更有利的结构。基于晶体剪切机理，Haber 等人[11]认为如果将［010］方向上的所有 O3 层从 V_2O_5 中移除，那么在［100］方向上的剪切可能会导致 V_6O_{13} 的形成。此外 Belbeoch 等人[12]指出，通过进一步清除所有 O3 层的氧原子，并在同一方向上剪切，V_6O_{13} 可以通过化学还原生成 VO_2。当温度提高到 948 K 时，V_2O_5 开始融化，并迅速被还原成低价氧化物，包括 V_6O_{13} 和 VO_2，这已经被 XRD 的结果验证了。根据 Rietveld 全谱精修，在反应 15 分钟后 V_6O_{13} 相的质量分数是 6.97%，然后进一步下降到 3.94%。在 948 K 下反应足够的时间后，所有的氧化物都可以还原成 VO_2 相，整个过程的物相变换的结果与上述文献基本一致，因此认为在低温还原过程（948~973 K）过程中发生的相变：$V_2O_5 \rightarrow V_6O_{13} \rightarrow VO_2$。由于体积急剧下降，产品无法保持原有的形态，从而获得了光滑表面的较小尺寸的产品。

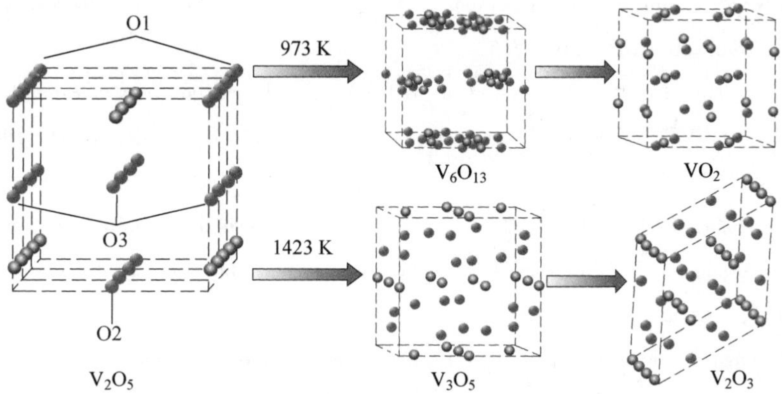

扫一扫

查看彩图

图 5-22　不同温度区间内碳的还原机理图

当温度大于 1423 K 时，氧化物迅速还原成 V_3O_5 和 V_2O_3 相。根据 Rietveld 全谱精修，物相的质量分数可以量化，结果表明样品在反应 0.5 h 后，V_3O_5 相的质量分数是 10.31%。Sikong 等还证实，在还原条件下，VO_2 会进一步转变为 V_3O_5 相和 V_2O_3 相[13]。由于较高的反应速率，在反应过程中很难发现 V_6O_{13} 相和 VO_2 相，随着反应时间的增加，可以获得单一 V_2O_3 相，因此当温度上升到 1423 K 时，驱动力更高，有利于去除留在晶格中的氧原子，导致晶格严重应变。在此基础上，形成了多面体的剪切和重排，并最终形成了 V_2O_3 相。相应的相转换可以描述为：$V_2O_5 \rightarrow V_3O_5 \rightarrow V_2O_3$。与 V_2O_5 的热分解反应制备 V_2O_3 相比，在 1423 K 下进行碳热还原过程，我们可以直接观察到中间相 V_3O_5 形成[14]。由于 V_2O_3 的摩尔体积比 V_2O_5 小很多，并存在大量气相产物的逸出，V_2O_3 颗粒中形成了大量的孔隙。与 VO_2 相比，V_2O_3 颗粒的尺寸更小，更多孔，更不规则。

参 考 文 献

[1] 杨保祥，何金勇，张桂芳．钒基材料制造［M］．北京：冶金工业出版社，2014.

[2] 杨绍利．钒钛材料［M］．北京：冶金工业出版社，2012.

[3] 邹建新，李亮．钒钛产品生产方法与设备［M］．北京：化学工业出版社，2014.

[4] 赵秦生，李中军．钒冶金［M］．湖南：中南大学出版社，2015.

[5] Fukushima M, Zhou Y, Yoshizawa Y I, et al. Water vapor corrosion behavior of porous silicon carbide membrane support [J]. Journal of the European Ceramic Society, 2008, 28 (5): 1043-1048.

[6] Kokabi H R, Studer F. Chromium and nickel ion irradiation effects on the low-and high-temperature meta-semiconductor transitions in $(V_{1-x}Cr_x)_2O_3$ ceramics [J]. Journal of Applied Physics, 1996, 80 (10): 5646-5652.

[7] Kwon H, Thompson L T, Eng Jr J, et al. N-butane dehydrogenation over vanadium carbides: correlating catalytic and electronic properties [J]. Journal of Catalysis, 2000, 190 (1): 60-68.

[8] Zhang Y, Huang C, Meng C, et al. A novel route for synthesis and growth formation of metal oxides microspheres: Insights from V_2O_3 microspheres [J]. Materials Chemistry and Physics, 2016, 177: 543-553.

[9] Kwon H, Moon A, Kim W, et al. Investigation of the conditions required for the formation of V (C, N) during carburization of vanadium or carbothermal reduction of V_2O_5 under nitrogen [J]. Ceramics International, 2018, 44 (3): 2847-2855.

[10] Gai P L. Microstructural changes in vanadium pentoxide in controlled environments [J]. Philosophical Magazine A, 1983, 48 (3): 359-371.

[11] Haber J, Witko M, Tokarz R. Vanadium pentoxide I. Structures and properties [J]. Applied Catalysis A: General, 1997, 157 (1/2): 3-22.

[12] Belbeoch B, Kleinberger R, Roulliay M. Correlation between the high temperature anomalies in V_2O_3 and the lattice parameters [J]. Journal of Physics and Chemistry of Solids, 1978, 39 (9): 1007-1012.

[13] Sikong L, Kumbour P. A new route for thermochromic vanadium dioxide synthesis [J]. Digest Journal of Nanomaterials Biostructures, 2015, 10: 135-140.

[14] Su D S, Schlögl R. Thermal decomposition of divanadium pentoxide V_2O_5: towards a nanocrystalline V_2O_3 phase [J]. Catalysis Letters, 2002, 83 (3/4): 115-119.

6 CO气基还原V_2O_5基础分析

在第5章中，发现在中低温度下的碳热还原反应的C/O摩尔比皆远小于1，这说明反应过程中有大量CO_2气体的产生，即气相产物CO进一步还原钒的氧化物，因此在碳热还原氮化过程中，CO对钒氧化物的还原也起到一定的作用。摸清CO的还原过程及机理对碳热还原氮化制备氮化钒铁具有一定的指导意义，而且有益于实现对氮化钒铁最终碳含量的精准控制。根据文献调研，几乎没有文献对CO气基还原V_2O_5进行详细的研究，因此有必要对CO还原V_2O_5的还原机理进行基础分析。本章将重点分析反应温度和CO比例对最终还原物相、形貌以及还原动力学的影响。另外，由于CO在常规条件下很难进一步还原V_2O_3，本章主要对低温阶段的还原进行基础分析。

6.1 实验原料和过程

为了持续分析还原过程中质量变化及吸放热过程，本章主要采用热重分析仪进行实验，如图6-1所示。热重分析仪主要用来对CO气基还原V_2O_5进行基础研究，其分析精度达到0.1 μg，升温速率可控制在0.1~50 K/min，最高实验温度为1623 K。通过热重分析仪，不仅可以详细地分析CO气基还原V_2O_5的变温动力学，还可以进行恒温实验，深入地研究整个还原过程的机理。

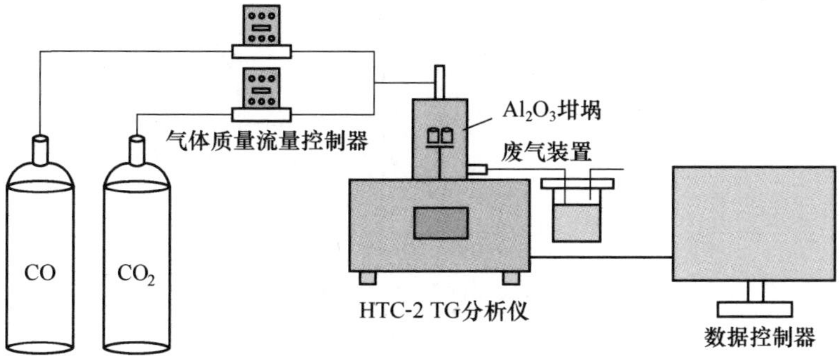

图6-1 热重分析仪

具体操作步骤为，首先称量 50～60 mg 的 V_2O_5 原料放入坩埚内，并置于炉膛中；然后 O_2 浓度低于 5×10^{-6}的 Ar 被引入实验体系内，以排出炉膛内部的空气，以 10 K/min 的加热速率，将热重分析仪升温至所需温度（783 K、823 K、863 K、903 K 或 963 K）后，将 Ar 气转换为还原气体（CO 或 $CO-CO_2$ 的混合气体）开始还原反应。反应一段时间后，还原气体换成 Ar 气氛，样品在 Ar 气氛中逐渐冷却至室温，取出样品，并分析各个实验样品的物相和形貌。

此外，为了确定等温实验的实验条件，首先进行了一系列非等温实验。实验过程为当 V_2O_5 粉末被放置于恒温区后，向热分析仪内通入 CO 气体以排出炉膛内空气，然后热分析仪开始提高温度至设定值，升温速率为 2 K/min～15 K/min，反应一段时间后，将还原气体转换为 Ar 并将样品冷却至室温。在等温和非等温实验过程中，实验流速保持在 60 mL/min，流速由质量流量控制器控制。

6.2 反应热力学

首先，进行平衡计算以初步了解整个还原过程。图 6-2 显示了 $CO-V_2O_5$ 体系

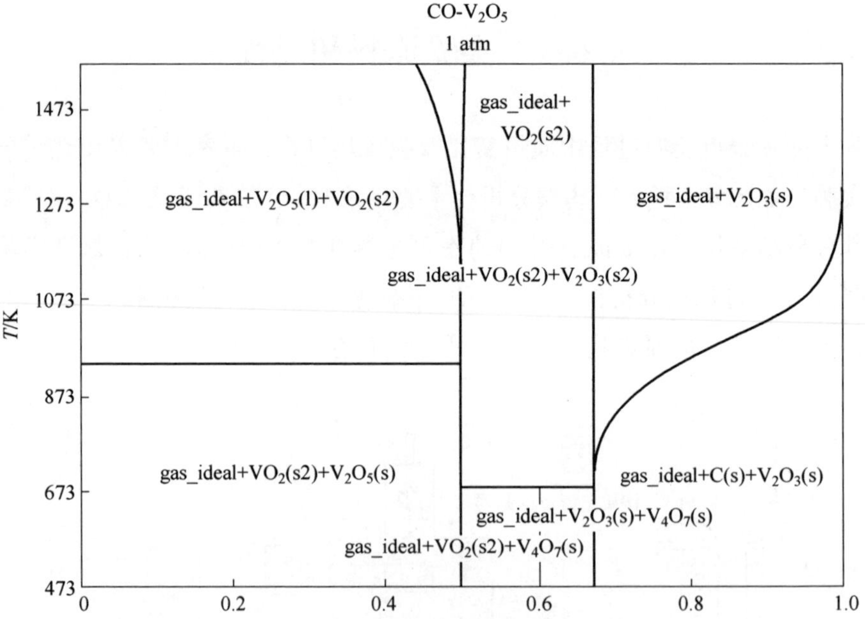

图 6-2 $CO-V_2O_5$ 体系的平衡相图

的平衡相图，该图显示了在不同反应温度和 $CO/(CO+V_2O_5)$ 摩尔比下 $CO-V_2O_5$ 体系的最终稳定物相。在 783~963 K 的温度范围内，V_2O_3 是稳定的相，并且只有当 $CO/(CO+V_2O_5)$ 摩尔比高于 0.66 时，可以获得单一 V_2O_3。此外，可以观察到在低温下会有碳形成，这可能是由于发生了碳沉积反应[1-2]。

图 6-3 显示了 863 K 下 V-O-C 体系的优势区域相图，图中的虚线表示总气压为 1 atm。从图 6-2 中可以看出，稳定物相对 CO 分压是比较敏感的。当温度为 863 K 时，V_2O_5 可以被还原至 VO_2，然后随着 CO 的分压的增加，V_2O_3 最终形成。因此整个过程可以通过以下反应来描述[3-6]

$$V_2O_5 + CO \longrightarrow 2VO_2 + CO_2 \tag{6-1}$$

$$2VO_2 + CO \longrightarrow V_2O_3 + CO_2 \tag{6-2}$$

此外从图 6-3 中发现，在常压及 863 K 的条件下，V_2O_3 无法进一步还原至 VC，只有在极高的压强条件下才有可能形成。而且通过实验证明，即使当温度升温至 1623 K，常压下 V_2O_3 也无法被 CO 还原成其他价态氧化物或者 VC。这说明，在碳热还原氮化制备氮化钒铁的最后阶段，CO 基本不会进一步参与反应，还原剂只有 C，这也解释了第 5 章中 1673 K 下反应式（5-3）的最佳 C/O 摩尔比接近于 1。

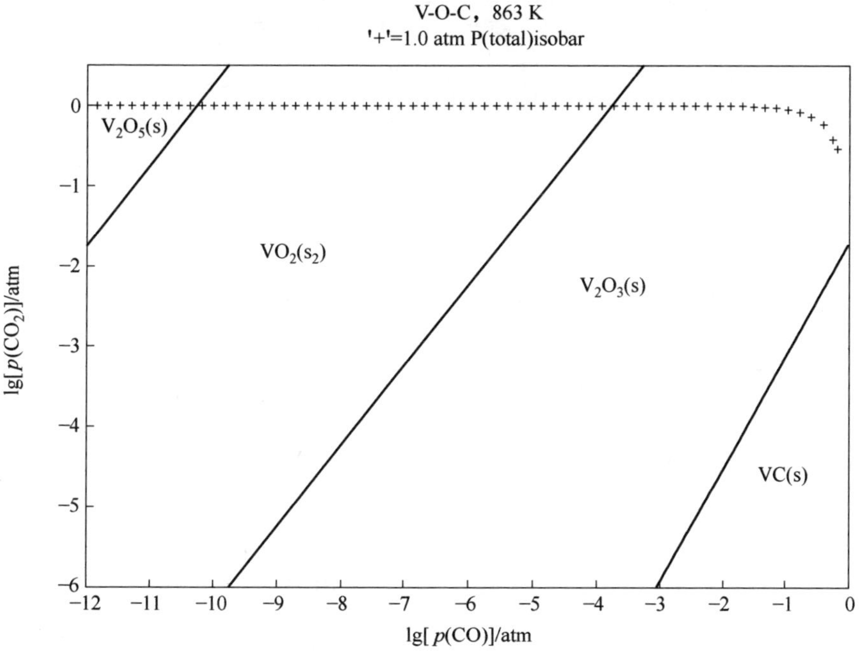

图 6-3 863 K 下 V-O-C 体系的优势区域相图

6.3 实验结果与讨论

6.3.1 非等温还原实验

V_2O_5 的失重率（W_t）可以根据下式计算[7-8]

$$W_t = \frac{m_0 - m_t}{m_0} \times 100\% \tag{6-3}$$

式中 m_0——起始样品的质量；

m_t——反应一定时间后的样品的质量。

反应度（α）则是用来计算样品失重率 W_t 与理论失重率 W_{max} 的比值，即

$$\alpha = \frac{W_t}{W_{max}} \times 100\% \tag{6-4}$$

图 6-4 为在不同升温速率下 CO 气基还原 V_2O_5 的动力学曲线，其中升温速率分别为 2 K/min、5 K/min、9 K/min、15 K/min。反应温度逐渐增加，样品持续失重，最终达到相同的平台。此外，升温速率越高，完成反应的最终温度越高。

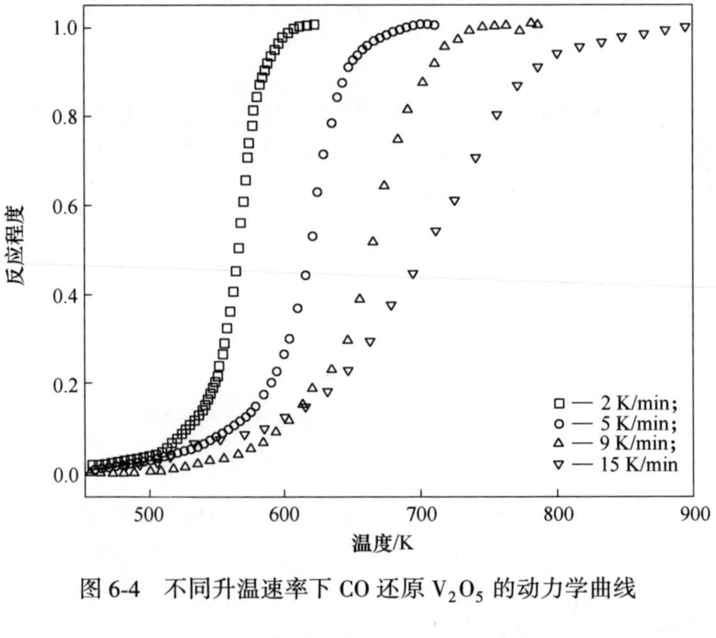

图 6-4 不同升温速率下 CO 还原 V_2O_5 的动力学曲线

图 6-5 为在 15 K/min 升温速率下 CO 还原 V_2O_5 的变温动力学曲线，从图中

可以观察到，V_2O_5 粉末的失重大约从 800 K 开始，然后随着温度的提高，样品的失重率迅速增加。当温度升至约 1170 K 时，失重率为 17.64%，几乎接近于从 V_2O_5 还原至 V_2O_3 的理论失重值（17.58%）。此外值得注意的是，图中出现了三个明显的放热峰，这表明从 V_2O_5 还原到 V_2O_3 过程中发生了三次反应。为了进一步证实这些反应，我们进行相应的物相分析，如图 6-6 所示。在温度约为 940 K 时，检测到第一个放热峰，产品由 V_2O_5 和 V_6O_{13} 组成（JCPDS 33-1441，空间群 C2/m，a=9.083 nm，b=5.763 nm，c=4.532 nm），因此该放热峰应该代表从 V_2O_5 还原到 V_6O_{13} 反应式（6-5）。随着温度的升高到 970 K，第二个放热峰出现在 DTA 曲线中。与还原度为 0.28 的产品相比，V_2O_5 的衍射峰几乎消失，VO_2（JCPDS 34-187，空间群 R-3c，a=4.954 nm 和 c=14.0083 nm）成为主要物相，表明第二个放热峰对应的是反应式（6-6）。当温度升至 1008 K 的时候，发现另一个放热峰。根据 XRD 结果，当还原度增加到 0.78 时，V_2O_3 的衍射峰强度明显增加（JCPDS27-1318，空间群 C2/m，a = 11.922 nm，b = 3.68 nm 和 c = 10.138 nm），这证实了第三个放热峰对应于反应式（6-2）。随着该过程的进一步进行，单相 V_2O_3 最终获得。在整个还原过程中，存在 V_6O_{13} 和 VO_2 中间物相的形成，这两相的量在初始阶段逐渐增加，然后逐渐下降直至消失。然而在理论计算上，并没有出现 V_6O_{13} 相，如图 6-2、图 6-3 所示，这是因为 FactSage 7.0 的数据库中缺乏与 V_6O_{13} 相关的数据。因此认为从 V_2O_5 到 V_2O_3 的整体还原过程由反应式（6-2）、式（6-5）、式（6-6）组成。

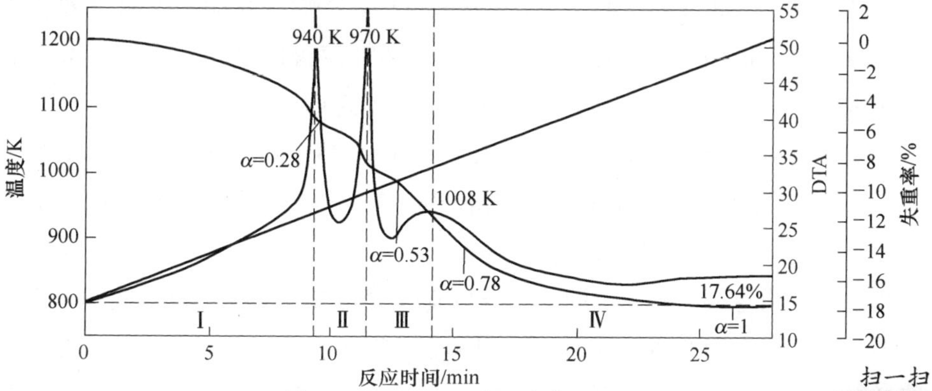

图 6-5　15 K/min 升温速率下 CO 还原 V_2O_5 的变温动力学曲线

扫一扫

查看彩图

$$V_2O_5 + \frac{2}{3}CO \xlongequal{\quad} \frac{1}{3}V_6O_{13} + \frac{2}{3}CO_2 \tag{6-5}$$

$$\frac{1}{3}V_6O_{13} + \frac{1}{3}CO \xlongequal{\quad} 2VO_2 + \frac{1}{3}CO_2 \tag{6-6}$$

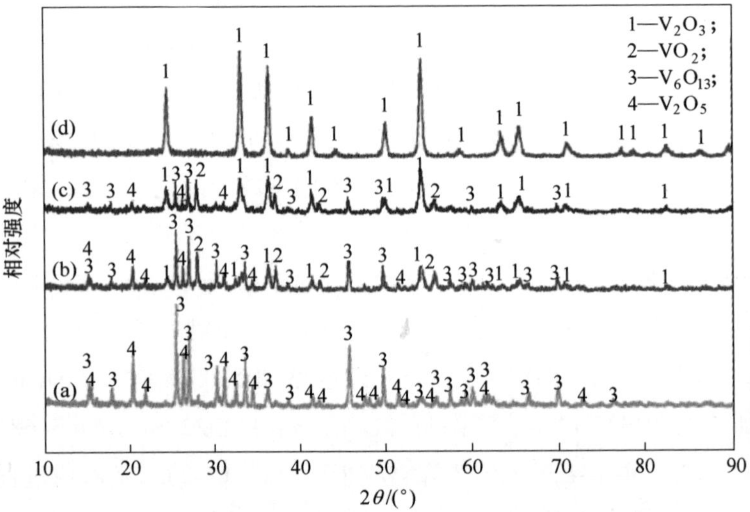

扫一扫
查看彩图

图 6-6 变温动力学曲线中不同反应度的产品物相谱图

(a) 0.28，943 K；(b) 0.53，990 K；(c) 0.78，1024 K；(d) 1，1180 K

6.3.2 等温还原实验

根据上述关于非等温还原 V_2O_5 实验的分析，等温实验的温度确定为 783 K、823 K、863 K、903 K、963 K。图 6-7 显示了在不同温度下 CO 还原 V_2O_5 等温动力学曲线，以及原料和不同温度下最终样品的宏观形貌。另外，图 6-8 所示的是所有温度下反应度为 1 的样品的 XRD 图谱结果。从图 6-8 中可以看到，在所有情况下，V_2O_5 可完全还原为 V_2O_3。最终物相并没有出现其他更低价态氧化物或者 VC，与上述计算结果（见图 6-3）完全吻合。但是，在 783~903 K 下，其还原动力学曲线的形状与 963 K 的不同。当温度低于 963 K，反应动力学曲线呈现明显的 S 形，这显然表明有诱导期、加速期和衰减期三个不同的时期。温度越高，诱导期越短。但是，在 963 K 下，反应进度与时间呈近似线性关系，表明还原机理随反应温度变化而变化，这可能主要是由于 V_2O_5 的低熔点（943 K）。当温度低于 943 K 时，整个还原过程是气固反应占主导地位。如图 6-8 所示，粉末从淡黄色转变成黑色，而且最终产品可以从坩埚底部完全移除；然而，当温度高于

943 K，V_2O_5 会熔化，还原过程从气固反应转变为液气反应。在 963 K 下，其反应速率远低于 863 K 和 903 K 条件下的反应速率，即气液反应速率低于气固反应，这便是由于液相具有较大的扩散阻力。与在 823 K 下获得的产物相比，很难完全将坩埚里面的产物除去。

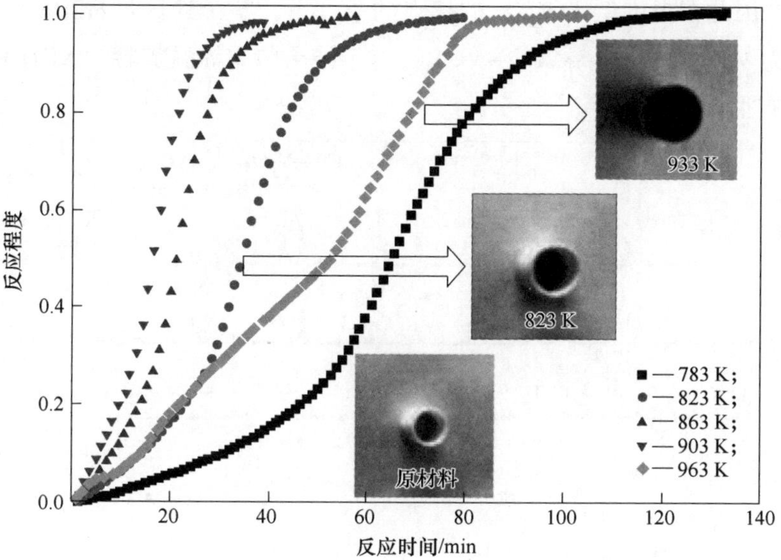

扫一扫

查看彩图

图 6-7　不同温度下 CO 还原五氧化二钒的动力学曲线

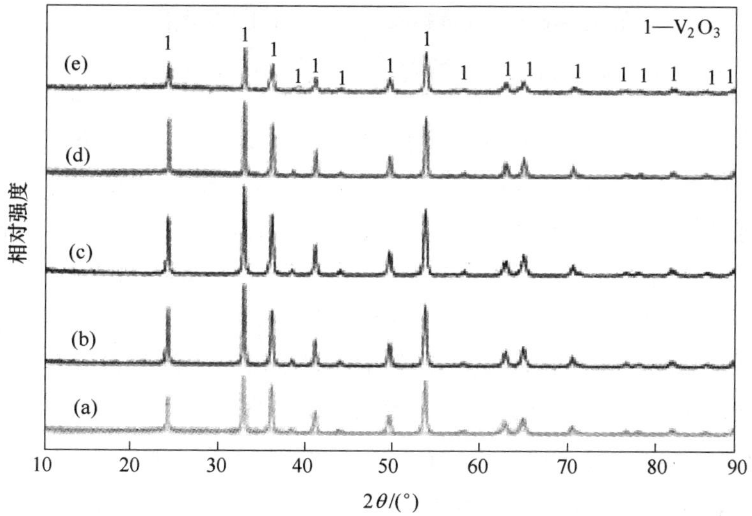

图 6-8　不同温度下最终还原样品的物相谱图

（a）783 K，130 min；（b）823 K，80 min；（c）863 K，53 min；（d）903 K，38 min；（e）963 K，100 min

为了进一步分析还原过程中的反应机理（见图 6-9 和图 6-10），分析了 V_2O_5 粉末分别在 863 K 和 963 K 下还原不同时间的样品的 XRD 谱图。从图 6-9 中发现，V_2O_5 首先被还原为 V_6O_{13}，然后被进一步还原成属于单斜结构的 VO_2。最后在反应足够的时间后，所有特征峰都很好地与 V_2O_3 相吻合，其相应的晶体结构为密排六方。因此在温度低于 V_2O_5 的熔点的条件下，整个还原过程中的物相转变顺序依次为 $V_2O_5 \rightarrow V_6O_{13} \rightarrow VO_2 \rightarrow V_2O_3$，这个结果与非等温实验的 XRD 和 TG-DTA 分析具有很大的一致性。

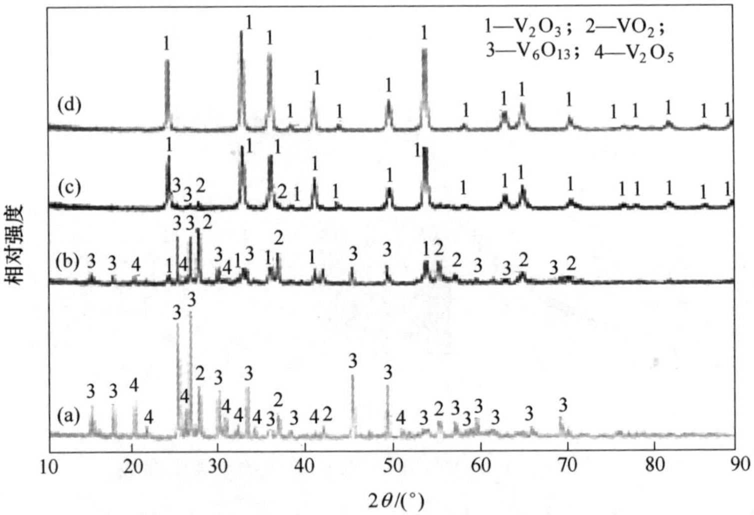

图 6-9 863 K 下 CO 还原 V_2O_5 不同时间的物相谱图

（a）18 min；（b）24 min；（c）30 min；（d）55 min

但是当温度升高到 963 K 时，其 XRD 结果与在较低温度下获得的 XRD 谱图结果不同。从图 6-10 中可以观察到，复合相 Al-V-O 被检测到了，但是 V_6O_{13} 相消失了。这可能是因为在 963 K 下，V_2O_5 完全熔化成液相并与 Al_2O_3 和 CO 发生复合反应形成中间相 Al-V-O[9]。随着反应的进行，中间相 Al-V-O 消失，钒氧化物进一步被还原为 VO_2 和 V_2O_3，它们不易与 Al_2O_3 反应，因此需要注意的是，当温度升高到 963 K，杂质（Al_2O_3）的引入是不可避免的。

为了确认 Al 元素的存在，进行区域扫描以获得 V、O 和 Al 元素的分布情况，结果如图 6-11 所示。可以观察到，在整个视野中 V 和 O 元素均匀分布。此外在扫描区域还发现了铝的部分，从而确认在 V_2O_3 粉末中存在 Al_2O_3。由于坩埚中 Al_2O_3 的溶解动力学速率极其缓慢，样品中 Al_2O_3 的量太小而不能被 XRD 检测到，因此高温是不利于 V_2O_3 粉末的纯度的提高。

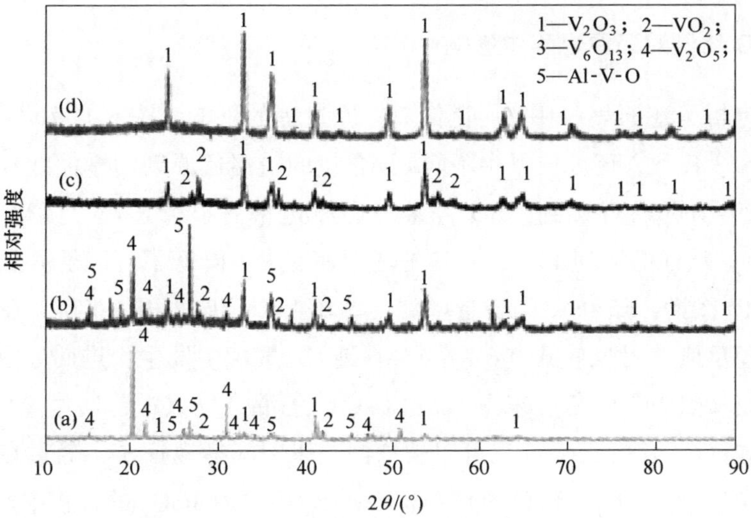

图 6-10 963 K 下 CO 还原五氧化二钒不同时间的物相谱图

（a）8 min；（b）33 min；（c）70 min；（d）85 min

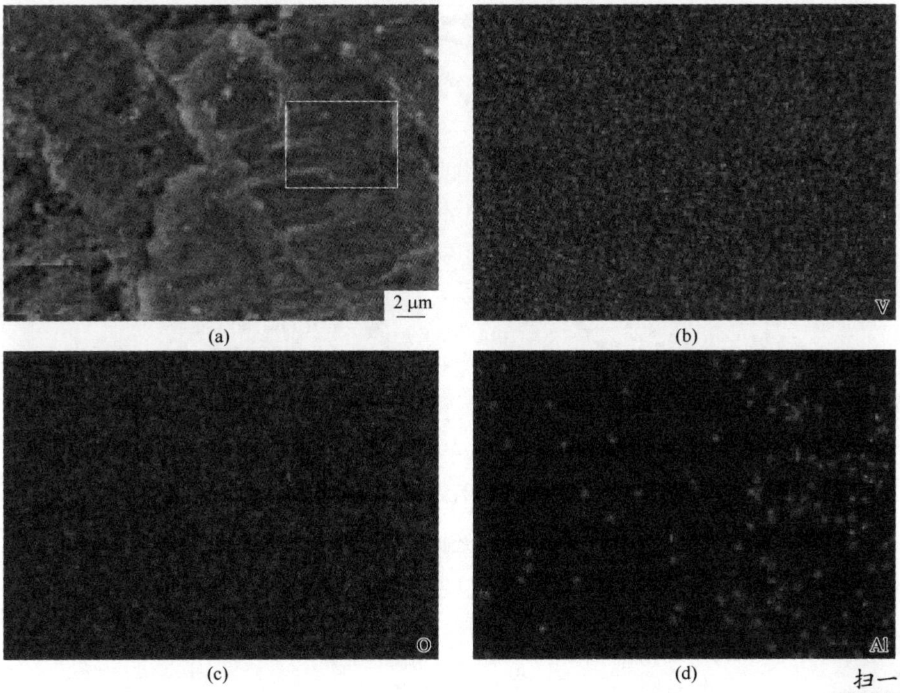

图 6-11 963 K 下得到的三氧化二钒粉末的元素分布图

扫一扫

查看彩图

6.3.3 CO 比例对还原过程中影响

本节分析了还原气氛中 CO 比例对还原过程的影响。图 6-12 和图 6-13 分别展示了在 863 K 下，还原气氛中不同 CO 含量的等温还原动力学曲线和最终产物的 XRD 图谱，可以观察到，CO 含量对还原速率有显著影响。随着 CO_2 含量（质量分数）从 0 增加到 45%，反应的还原速率大大降低了。但是根据图 6-12 中显示的 XRD 图谱，随着 CO_2 含量增加，单相 V_2O_3 仍然可以获得。在还原过程中，碳沉积反应［见反应式（6-7）］会在纯 CO 气氛中发生，进而导致碳杂质的引入。但是从热力学的角度来看，在 CO-CO_2 的混合气氛中，通过降低 CO 的分压，反应式（6-7）的析碳过程可以被抑制。张国华等也证实，通过在还原气氛中添加一定比例的 CO_2，可以消除 CO 在 MoO_3 还原为 MoO_2 的过程中发生碳沉积反应[2]。因此使用 CO-CO_2 混合气体有利于提高 V_2O_3 粉末的质量。其反应式为

$$2CO \xlongequal{} C + CO_2 \tag{6-7}$$

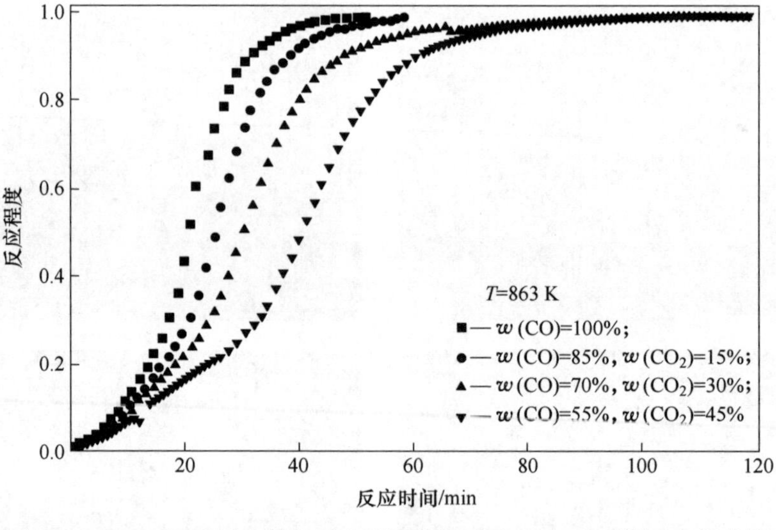

图 6-12 863 K 下不同比例的混合还原气氛还原 V_2O_5 的还原动力学曲线

6.3.4 微观形貌分析

图 6-14 显示了在 CO-CO_2［$w(CO_2)=45\%$］还原气氛和不同温度下最终产物的形貌。从图 6-14 中观察到，分别在低温和高温下获得的 V_2O_3 的形态是完全不同的。当温度低于 V_2O_5 的熔点，V_2O_3 的形态和尺寸与原料 V_2O_5（见图 2-2）基

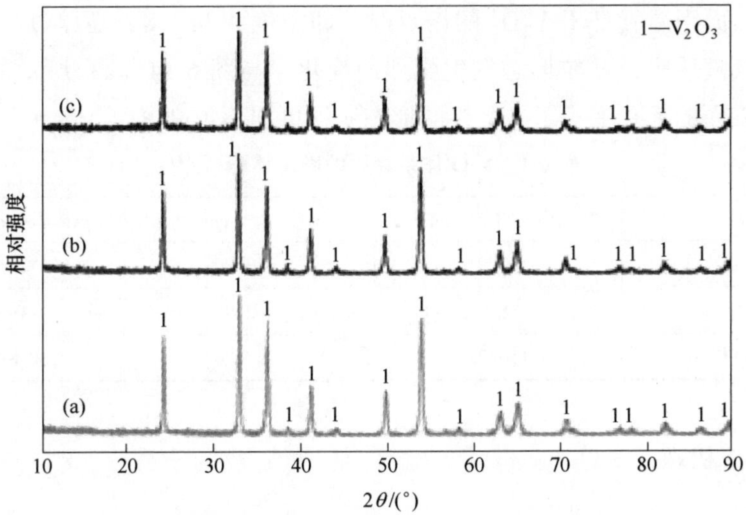

图 6-13 不同比例的混合还原气氛还原 V_2O_5 的最终物相图谱（863 K）

（a）$w(CO_2)$ = 15%，60 min；（b）$w(CO_2)$ = 30%，90 min；（c）$w(CO_2)$ = 45%，120 min

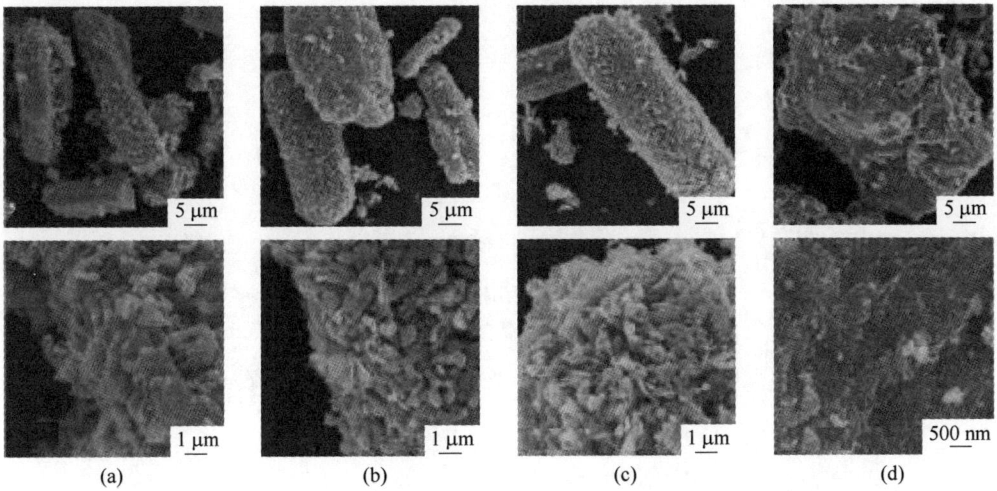

图 6-14 在不同温度下以 CO-45% CO_2 还原 V_2O_5 得到最终产物的形貌结构图

（a）783 K；（b）823 K；（c）863 K；（d）963 K

本一样，但是颗粒表面存在大量的裂缝和毛孔，这是因为 V_2O_5 还原至 V_2O_3 过程中颗粒摩尔体积减小导致的。表 6-1 介绍了 V-O 物质的主要物理特性[10-12]。由于 $VO_{2.5}$（V_2O_5）的摩尔体积大于 VO_2 和 $VO_{1.5}$（V_2O_3）的摩尔体积，当1 mol 的 V_2O_5 完全还原为 2 mol 的 VO_2 或 2 mol 的 $VO_{1.5}$，颗粒体积将减少 29.5% 或

43.2%。然而当温度高于 V_2O_5 的熔点时，即温度为 963 K，还原过程从气固反应转变为气液反应，颗粒形态发生剧烈地变化。与图 6-14（a）所示的 V_2O_3 相比，颗粒表面的毛孔变小了，最终的形态变得更加不规则紧凑。

表 6-1　V-O 体系物质的摩尔体积[10-12]

物相	摩尔质量/(g·mol^{-1})	密度/(g·cm^{-3})	摩尔体积/(cm^3·mol^{-1})
V_2O_5/$VO_{2.5}$	182/91	3.357	54.22/27.11
VO_2	83	4.339	19.12
V_2O_3/$VO_{1.5}$	150/75	4.87	30.8/15.4

6.3.5 反应机理

根据上述分析结果，发现了两种形貌的最终 V_2O_3 产品，并总结了 CO 气基还原五氧化二钒的潜在机理，机理图如图 6-15 所示。

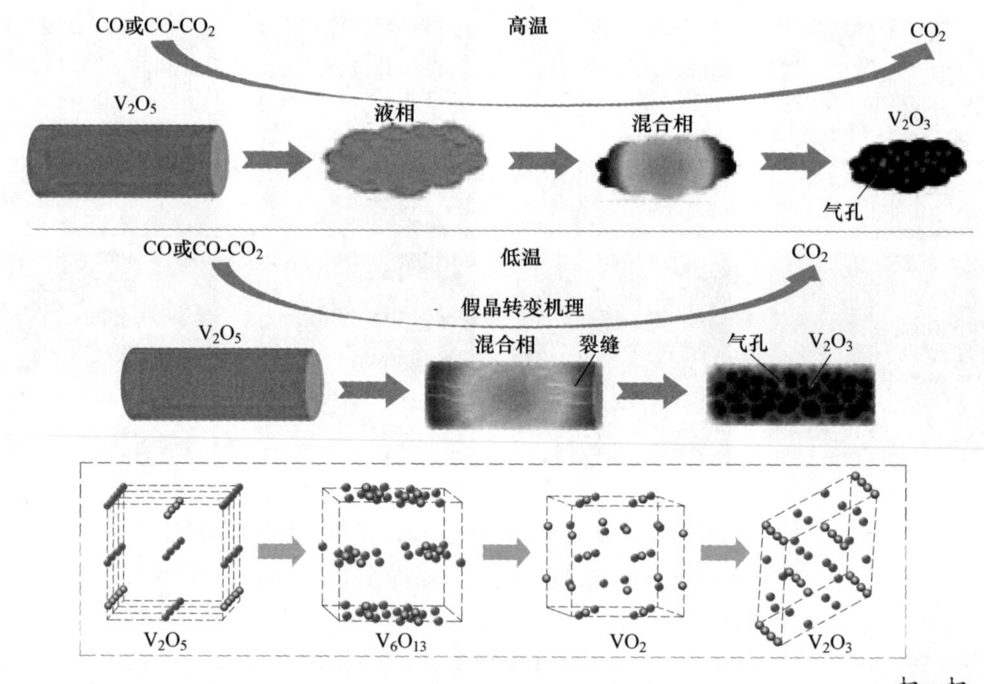

图 6-15　不同温度下 CO 气基还原 V_2O_5 的反应机理图

扫一扫
查看彩图

当温度高于 V_2O_5 的熔点，V_2O_5 开始熔化，颗粒变得光滑和不规则。随着引入 CO 或 CO-CO_2 混合气体后，气液反应开始进行，并形成了低价氧化物。当反应一定时间后，可以得到单一的 V_2O_3 相。因为液相中没有孔隙的事实，还原气体很难扩散到颗粒内部，导致较低的还原速率。同时，生成无数的气体并逸出，进而导致小细孔的形成。这些细孔有助于钒氧化物进一步还原至低价钒氧化物，这成功地解释了为什么最后阶段的反应速率高于早期的反应速率，如图 6-7 所示。当温度低于 V_2O_5 的熔点时，反应为气固反应，V_2O_5 迅速被还原至其他价的氧化物，包括 V_6O_{13}、VO_2、V_2O_3，这已经过 XRD 结果的验证。经过足够的时间反应后，所有的氧化物可以被还原成 V_2O_3 相，因此整个 CO 气基还原 V_2O_5 过程的物相转变顺序可以描述为 $V_2O_5 \rightarrow V_6O_{13} \rightarrow VO_2 \rightarrow V_2O_3$。由于体积收缩，$V_2O_5$ 颗粒的表面上形成很多毛孔和裂缝，颗粒似乎被分成无数的 V_2O_3 颗粒，但它们仍大致保持了 V_2O_5 的原始形态，这表明 CO 气基还原 V_2O_5 反应在低温下是由假晶转变机理主导。

参 考 文 献

[1] Dang J, Zhang G, Wang L, et al. Study on reduction of MoO_2 powders with CO to produce Mo_2C [J]. Journal of the American Ceramic Society, 2016, 99 (3): 819-824.

[2] Wang L, Bu C Y, Zhang G H, et al. Study of the reduction of industrial grade MoO_3 powders with CO or CO-CO_2 gases to prepare MoO_2 [J]. Metallurgical and Materials Transactions B, 2017, 48 (4): 2047-2056.

[3] Kwon H, Choi S, Thompson L T. Vanadium nitride catalysts: synthesis and evaluation forn-butane dehydrogenation [J]. Journal of Catalysis, 1999, 184 (1): 236-246.

[4] Zhao Z, Liu Y, Cao H, et al. Synthesis of VN nanopowders by thermal nitridation of the precursor and their characterization [J]. Journal of Alloys and Compounds, 2008, 464 (1/2): 75-80.

[5] Tripathy P K, Sehra J C, Kulkarni A V. On the carbonitrothermic reduction of vanadium pentoxide [J]. Journal of Materials Chemistry, 2001, 11 (2): 691-695.

[6] Yue-Dong W, Guo-Hua Z, Yu W, et al. A facile pathway to prepare VO_2 and V_2O_3 powders via a carbothermal reduction process [J]. Journal of Solid State Chemistry, 2018, 265: 299-305.

[7] Jander W. Reaktionen im festen Zustande bei höheren Temperaturen. Reaktionsgeschwindigkeiten endotherm verlaufender Umsetzungen [J]. Zeitschrift für anorganische und allgemeine Chemie,

1927, 163 (1): 1-30.

[8] Dickinson C F, Heal G R. Solid-liquid diffusion controlled rate equations [J]. Thermochimica Acta, 1999, 340: 89-103.

[9] Sikong L, Kumbour P. A new route for thermochromic vanadium dioxide synthesis [J]. Digest Journal of Nanomaterials Biostructures, 2015, 10: 135-140.

[10] Kokabi H R, Studer F. Chromium and nickel ion irradiation effects on the low-and high-temperature meta-semiconductor transitions in $(V_{1-x}Cr_x)_2O_3$ ceramics [J]. Journal of Applied Physics, 1996, 80 (10): 5646-5652.

[11] Kwon H, Thompson L T, Eng Jr J, et al. N-butane dehydrogenation over vanadium carbides: correlating catalytic and electronic properties [J]. Journal of Catalysis, 2000, 190 (1): 60-68.

[12] Zhang Y, Huang C, Meng C, et al. A novel route for synthesis and growth formation of metal oxides microspheres: Insights from V_2O_3 microspheres [J]. Materials Chemistry and Physics, 2016, 177: 543-553.

7 氨气还原氮化法制备氮化钒铁

通过前几章的分析，成功地利用碳热还原氮化 V_2O_5 直接制备出低碳、低氧和高氮含量的氮化钒铁，并详细地分析了碳热还原氮化过程中存在的各种机理。与传统制备方法相比，该方法制备出的氮化钒铁品质得到了巨大的提升[1-15]，完全符合《氮化钒铁》（GB/T 30896—2014）（见表 1-1）的成分和密度需求。然而，虽然该方法不是以钒铁原料，避免 Al 或 Si 等杂质元素的引入，但是用这种方法制备的氮化钒铁合金仍然存在一点不足，即含有一些 C 含量，这会降低钒的收得率，并使钢中增加 C 含量，因此本章又尝试提出一种两步制备法（即还原氮化流程-烧结流程）[16-18]，来合成无碳的氮化钒铁合金，其中 NH_3 同时作为还原剂和氮化剂。本章主要分析反应温度及反应时间对 NH_3 还原氮化法的影响，并深入探索 NH_3 还原氮化法制备氮化钒铁合金过程中的反应机理。

7.1 实验原料和过程

在本节中，计划通过两步制备法，即还原氮化流程-烧结流程，来制取 FeV55N 合金。从理论上讲，FeV55N 的 V 和 N 含量（质量分数）合金约为 55% 和 15%；另外，假设 FeV55N 合金由 Fe 和 VN 组成。实验使用钒酸铵（NH_4VO_3，纯度 99%）作为 V 源，根据目标产物 FeV55N 中各元素的化学计量比，对 NH_4VO_3 和 Fe_2O_3 进行了精确的称重，并均匀混合，然后将混合粉末与一定量的酒精一起放入球磨罐中进行湿混，再将其放入干燥箱中在 373K 下干燥 5 h，进而得到反应原料。将这种混合原料放置在氧化铝瓷舟中，瓷舟放入电阻炉的恒定温度区。本章中所使用的电阻炉为高温卧式气氛保护炉，如图 5-1 所示。将恒温区升温至指定温度（1073 K、1173 K、1273 K 或 1373 K），升温速度为5 K/min，并保持不同的时间（3 h、5 h、8 h 或 10 h），然后直接取出样品冷却至室温。在整个过程中，NH_3 气体以 500 mL/min 的流量涌入炉内。

最后用不锈钢模具将所获得的粉末压制成圆柱形块体。在 1823 K 下 Ar 保护中，进行高温烧结 0.5 h。反应一定时间后，立即取出样品，在 Ar 气氛的保护下冷却。其中烧结过程所使用的高温炉为高温气氛保护竖式炉，如图 2-4 所示。

7.2 实验结果

7.2.1 物相分析

图 7-1 是在 1273 K 下混合原料反应不同时间后样品的物相分析结果。当 NH_3 还原氮化过程进行 3 h 后，样品由 V_2O_3（JCPDS 34-187）、VN（JCPDS 35-768）和 Fe_2N（JCPDS 50-958）这三种物相组成。少量的 V_2O_3 的存在的原因可能是在这种情况下，反应时间不足以将钒的氧化物完全还原成氮化钒。另外，在 NH_3 还原的条件下，Fe_2O_3 很容易被还原为 Fe_2N，而不是常见的单质 Fe，这在相关文献中也有类似的发现[19-20]，但是 Fe_2N 相对不稳定，当温度达到一定条件，其便会分解转变成单质 Fe。随着反应时间的增加，V_2O_3 的相对强度逐渐减小。在反应进行 8 h 后，V_2O_3 相不再出现，所有的特征峰都属于 VN 和 Fe_2N 相。因此结合相关文献中信息[21-22]，整个 NH_3 还原氮化过程可以用式（7-1）~式（7-5）来描述。

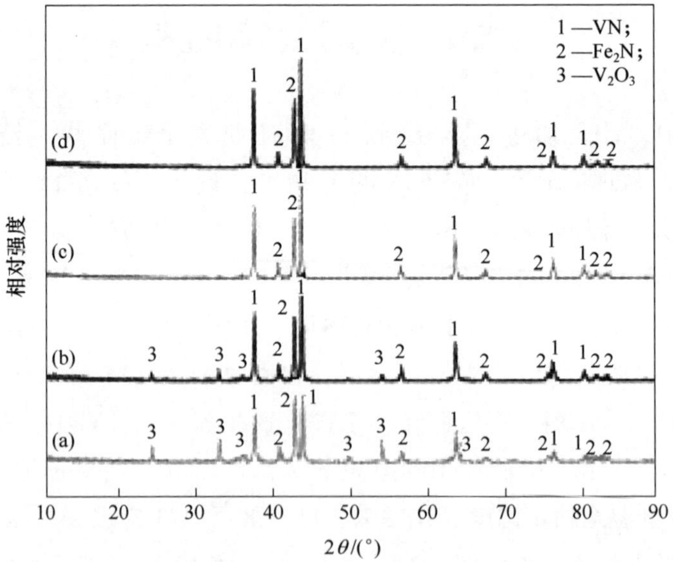

图 7-1 NH_3 还原混合原料不同反应时间的物相分析谱图（1273 K）

(a) 3 h; (b) 5 h; (c) 8 h; (d) 10 h

$$2NH_4VO_3 \longrightarrow 2NH_3 + V_2O_5 + H_2O \tag{7-1}$$

$$3V_2O_5 + 2NH_3 \longrightarrow 6VO_2 + 3H_2O + N_2 \tag{7-2}$$

$$6VO_2 + 2NH_3 \longrightarrow 3V_2O_3 + 3H_2O + N_2 \tag{7-3}$$

$$V_2O_3 + 2NH_3 \longrightarrow 2VN + 3H_2O \tag{7-4}$$

$$2Fe_2O_3 + 4NH_3 \longrightarrow 2Fe_2N + 6H_2O + N_2 \tag{7-5}$$

由于 VN 和 VO 有相似的晶体结构，因此严格地说，XRD 谱图中的 VN 阶段应该是 V(N,O)，这是因为钒的氧化物晶格中的一些 O 原子很难被完全清除，并保留在 VN 相中占据了部分原属于 N 原子的晶格位置。图 7-2 是图 7-1 的部分区域放大图，从图中可以发现，随着反应时间的增加，VN 的主峰逐渐向低衍射角度偏移，这表明氮化钒的晶格常数逐渐增加，这可能是因为在 NH_3 还原气氛下，随着反应的进行，越来越多的 O 原子与 NH_3 中裂解出来的 H 原子发生反应形成水蒸气逸出；同时，N 原子占据了原来 O 原子的位置。

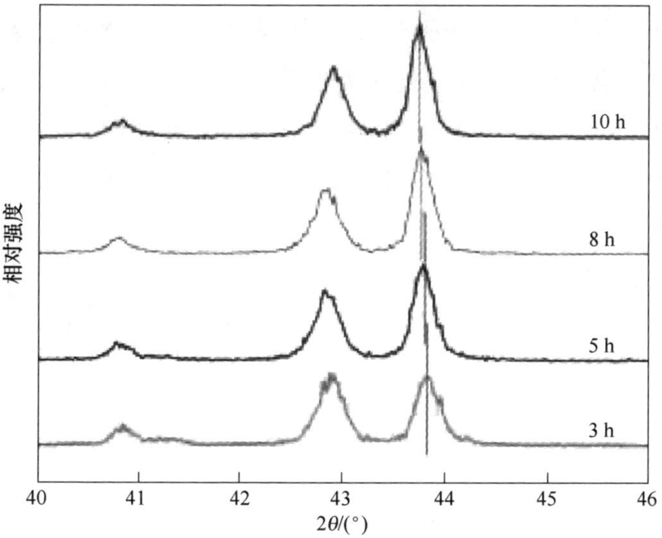

扫一扫

查看彩图

图 7-2　1273 K 下 NH_3 还原混合原料

不同反应时间的 XRD 的局部放大图

为了证实这一点，利用 JADE 6.0 软件分析了图 7-1 中各个 XRD 谱图，以计算出图谱中 VN 相的晶格参数，结果见表 7-1。随着反应时间增加，VN 相晶格常数从 4.1342 增加到 4.1374，计算结果进一步证实了上述图谱的分析结果。此外，测量了在不同条件下 NH_3 还原氮化混合粉末的最终产品的含 O 量，结果显示在

表7-1中。在1273 K下，NH_3 还原氮化3 h、5 h、8 h和10 h的产物的O含量（质量分数）分别为6.4%、2.47%、0.96%和0.6%。随着反应时间的增加，最终粉体中的O含量急剧降低。氧含量结果与XRD和JADE的计算结果非常吻合。

表7-1 在不同条件下 NH_3 还原氮化产物的组成、晶格常数及O含量

温度/K	反应时间/h	相结构	a_{VN}/Å（1 Å=10^{-10} m）	w(O)/%
1273	3	V_2O_3，VN，Fe_2N	4.1342	6.4
1273	5	V_2O_3，VN，Fe_2N	4.1362	2.47
1273	8	VN，Fe_2N	4.1371	0.96
1273	10	VN，Fe_2N	4.1374	0.6
1173	10	V_2O_3，VN，Fe_2N	—	1.73
1373	10	VN，Fe_2N	—	0.56

另外，图7-3分析了在不同温度下 NH_3 还原氮化混合粉末10 h的组成变化。当反应温度为1173 K，产物中检测到少量 V_2O_3 的存在。随着反应温度升高，属于 V_2O_3 的衍射峰消失了，并且所有峰皆对应着VN和 Fe_2N 相。这表明当反应温度为1173 K时，反应比较缓慢，随着温度升至1373 K，反应速率提高，能够完成还原氮化过程。此外，测量了不同温度下反应10 h后获得的粉末的O含量，并列于表7-1中。从表中看到，当温度提升至1373 K，还原氮化产品的O含量可以降低到0.56%。

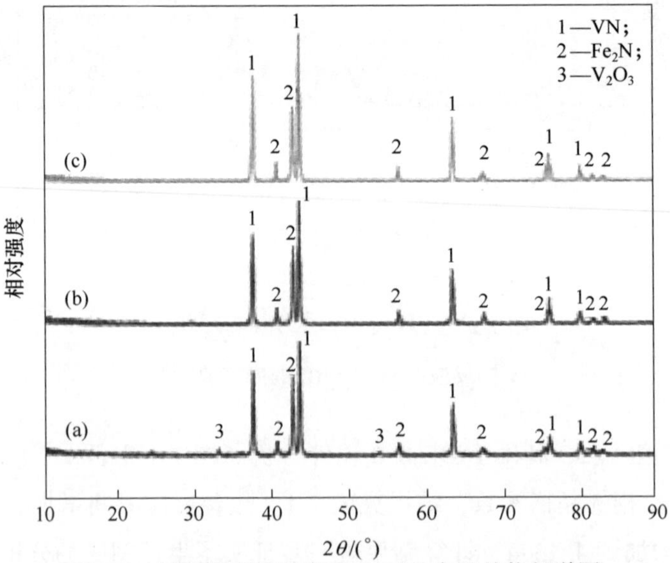

图7-3 不同温度下反应10 h后的产品的物相谱图

(a) 1173 K；(b) 1273 K；(c) 1373 K

当获得 NH_3 还原氮化的最终复合粉末后，在 1823 K 下进行高温烧结制备块状 FeV55N 合金，块体的 XRD 图谱如图 7-4 所示。从图 7-4 中看出，块状 FeV55N 合金主要由 VN 和 Fe 相组成。与烧结前粉末相比，Fe_2N 相消失，出现单质 Fe 相。这是因为，在 1823 K 下，Fe_2N 受热分解成单质 Fe，反应如式（7-6）所示。因此基于上述物相及成分分析，通过 NH_3 还原氮化法，FeV55N 合金能够成功地制备出来。

$$2Fe_2N \longrightarrow 4Fe + N_2 \tag{7-6}$$

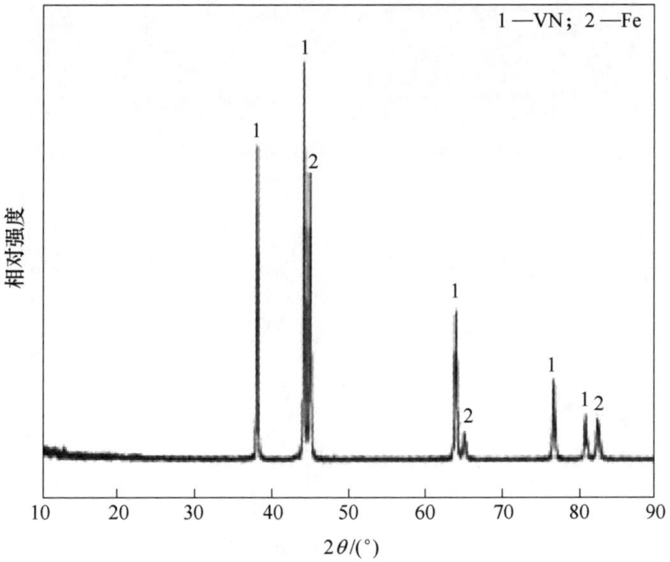

图 7-4 高温烧结后 FeV55N 的物相谱图

7.2.2 微观形貌分析

图 7-5 显示了 NH_3 还原氮化后样品在 1823 K 烧结 0.5 h 后 FeV55N 合金的 EMPA 照片。从图 7-5 中可以看出，整个视场内有两种区域。图 7-6 为这两个区域对应的波谱图。通过波谱分析，亮色地方和暗色地方分别代表 Fe 和 VN 相，黑色地方则为充满镶样树脂的孔洞。另外，Fe 相的能谱图中含有 V 和 N 对应的衍射峰，这说明烧结过程中存在一定的溶解现象，这与第 4 章中发现的现象一致。另外，从图 7-5 中可以看出，大多数 VN 颗粒均匀分布并呈近似球形，并且 VN 相被 Fe 相紧密包围，这表明经高温烧结得到的 FeV55N 合金的致密度较高。然而仍可以发现块体表面存在少量较小的孔隙，这些孔隙可能是由样品中液相

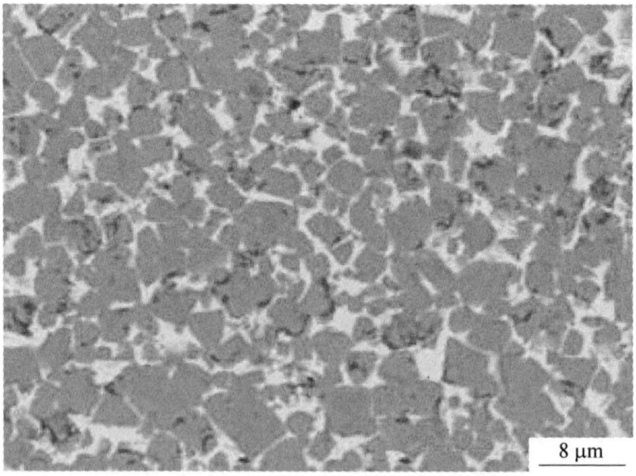

图 7-5　1823 K 下烧结 0.5 h 得到的氮化钒铁的微观结构图

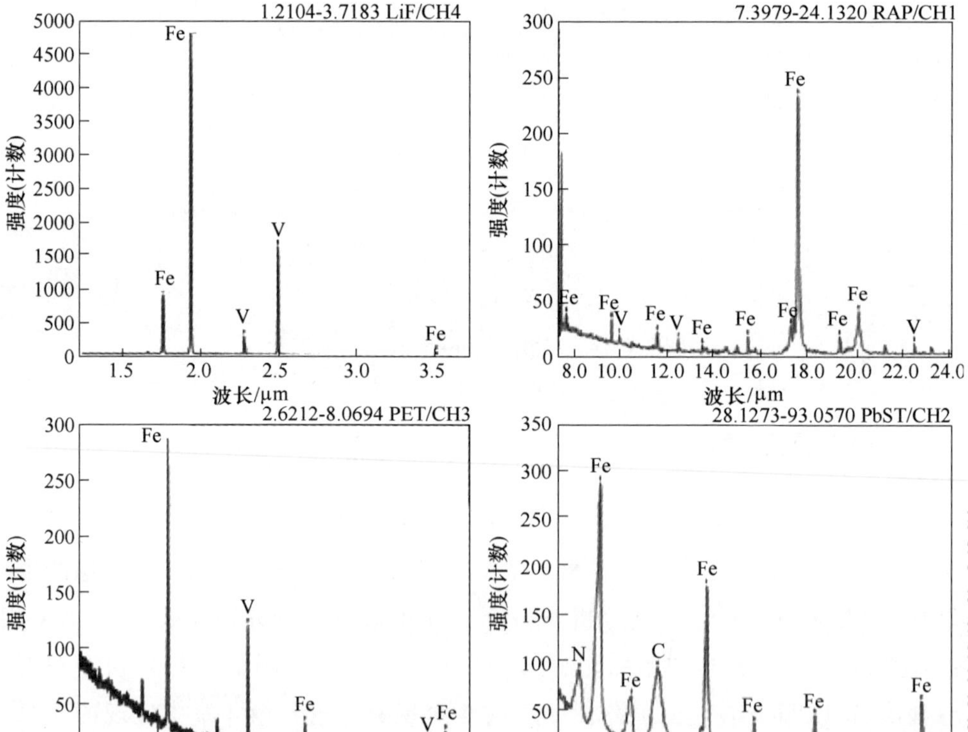

(a)

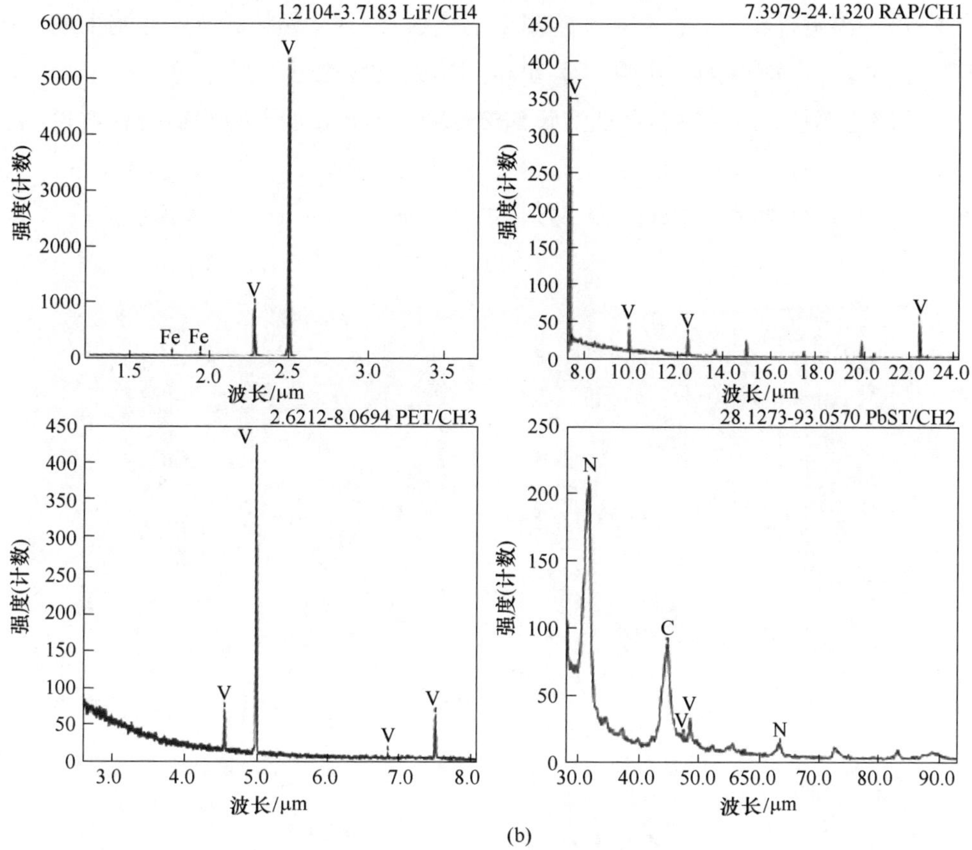

图 7-6 微观结构图中两相的波谱图

（a）Fe 相；（b）VN 相

Fe 含量较低形成的。当然也可能是颗粒聚集在一起形成较大尺寸的颗粒，阻碍了液相的运动。不过这些孔隙的存在并不会极大地影响 FeV55N 合金的致密度。通过阿基米德排水法，测量出在 1823 K 下烧结 0.5 h 后 FeV55N 合金的密度达到 5.4 g/cm^3。众所周知，高致密度可以提高炼钢过程中 V 和 N 的收得率，因此通过该两步制备方法，FeV55N 合金能够满足国家标准对密度的要求。

为了进一步分析在 1823 K 烧结的块体的元素分布，对其进行了区域成分检测，如图 7-7 所示。图 7-7 主要显示了区域中 V、Fe、N 和 O 元素，其中随着该图中各元素含量的增加，颜色从深蓝色到深红色转变。在图 7-7 中，N 元素区域与钒元素区域完全重叠，并且观察到对应于 Fe 相存在一个明显的过渡区域。在该过渡区中，V 元素和 N 元素均匀分布，这表明在烧结过程中发生了一定的 VN 在 Fe 液中溶解现象。当样品在一定温度下烧结时，VN 颗粒的溶解达到平衡，溶解度随温度升高而增加。从热力学和动力学的角度来看，尺寸越小，溶解度越高，溶解速率越大，能够容易地溶解到液相中；而较粗的颗粒则通过材料再沉淀而生长，从而减少了系统的界面面积[23]。此外，还可以看出 O 主要分布在 VN 相中，这与晶格常数的计算结果一致，进一步证明 V(N,O) 固溶体的形成。

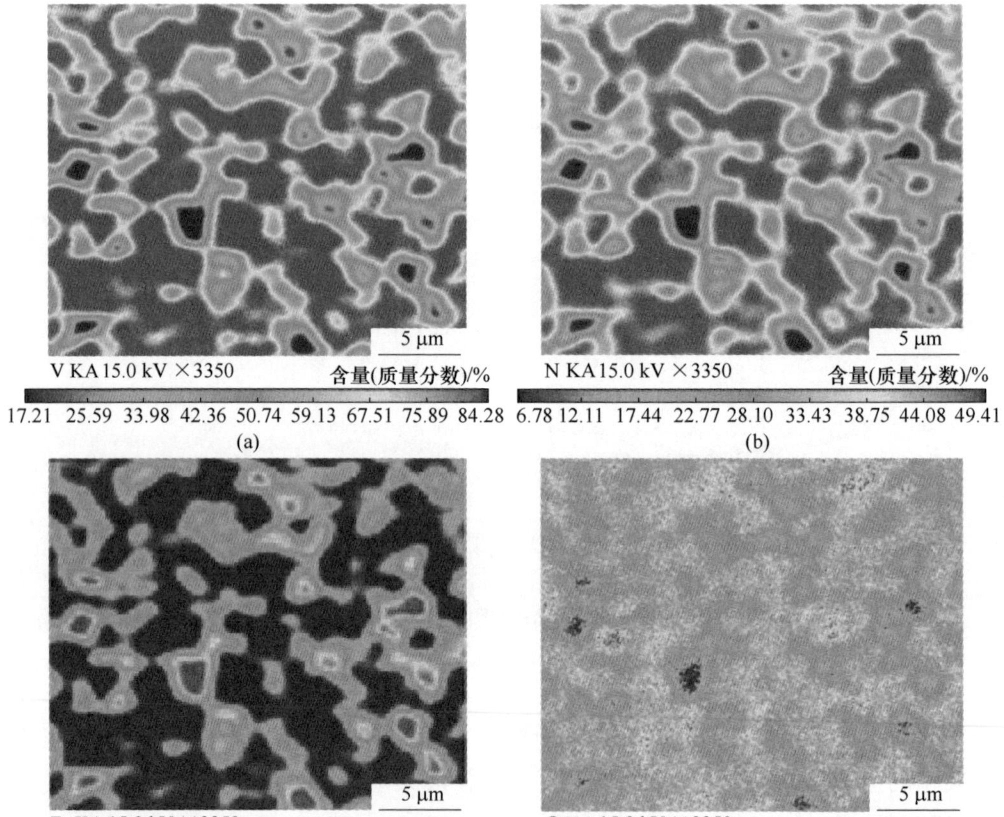

图 7-7　1823 K 下烧结 0.5 h 得到的 FeV55N 的面扫能谱图

(a) V; (b) N; (c) Fe; (d) O

扫一扫

查看彩图

7.3 讨　论

7.3.1 反应热力学

在前面提到在低温下 NH_4VO_3 可以完全分解成 V_2O_5。基于此结论，NH_3 还原氮化混合原料的过程可以简单地分为两个子步骤，即 V_2O_5 到 VN 的还原氮化过程和 Fe_2O_3 的还原过程。图 7-8（a）是在 973~1473 K 时 V_2O_5-NH_3 体系的热力学相图，图 7-8（b）则是图7-8（a)局部放大图。这个相图揭示了在实验温度范围内，随着 $NH_3/(V_2O_5+NH_3)$ 摩尔比的增加，V_2O_5 可以首先被 NH_3 还原到其他价钒的氧化物，包括 VO_2 和 V_2O_3。考虑到 NH_3 的不断引入，$NH_3/(V_2O_5+NH_3)$ 摩尔比无限大（接近于 1)，因此进一步增加 $NH_3/(V_2O_5+NH_3)$ 摩尔比，V_2O_3 可逐渐变化转化为 VN。这个相图与上述实验结果和文献中报道中的那些过程基本相同。

根据上述 XRD 结果，可以从中推断出来在 NH_3 还原气氛下，将 V_2O_5 还原为 V_2O_3 是非常容易的，因此在整个 NH_3 还原氮化过程中，NH_3 还原氮化过程的关键步骤是将 V_2O_3 还原氮化成 VN。根据 FactSage 7.0 数据库中对于各种氧化物的形成吉布斯自由能[24]，反应式（7-4）的实际吉布斯自由能 ΔG 可以表示为

$$\Delta G = \Delta G^{\ominus} + RT\ln\left(\frac{(p_{H_2O}/p^{\ominus})^3}{p_{NH_3}/p^{\ominus})^2}\right)$$

$$= 141307.4 - 143.2T + RT\ln\left(\frac{(p_{H_2O}/p^{\ominus})^3}{(p_{NH_3}/p^{\ominus})^2}\right) \tag{7-7}$$

在标准条件下，反应式（7-4）的理论起始反应温度应为 986.8 K。但是由于在实验过程中一直通入流量稳定的 NH_3，实际的起始反应温度应远远低于 986.8 K，这也就解释了为什么 VN 相可以在 973 K 下便可形成。

此外，反应式（7-5）实际吉布斯自由能 ΔG 可表示为

$$\Delta G = \Delta G^{\ominus} + RT\ln\left(\frac{(p_{H_2O}/p^{\ominus})^6 \cdot (p_{N_2}/p^{\ominus})}{(p_{NH_3}/p^{\ominus})^4}\right)$$

$$= 334325.2 - 519.1T + RT\ln\left(\frac{(p_{H_2O}/p^{\ominus})^6 \cdot (p_{N_2}/p^{\ominus})}{(p_{NH_3}/p^{\ominus})^4}\right) \tag{7-8}$$

类似地，根据计算可得，反应式（7-5）中的理论起始温度是 644 K，而实际

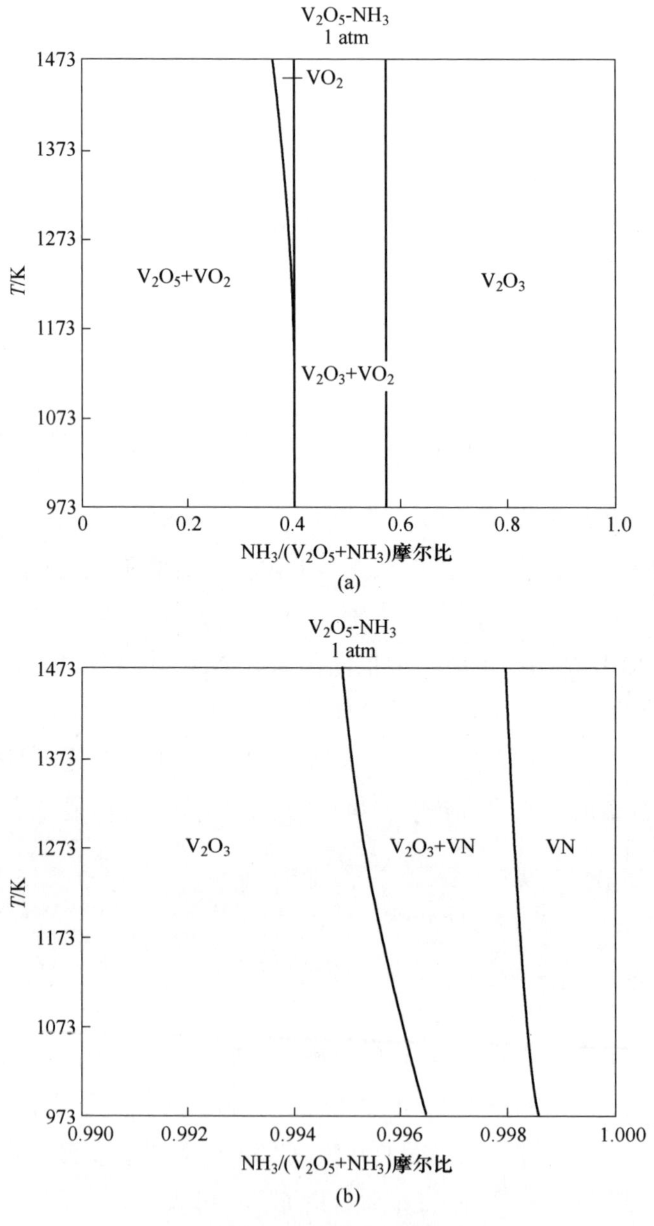

图 7-8　热力学相图

（a）在 973～1473 K 温度范围内 V_2O_5-NH_3 体系的热力学相图；

（b）V_2O_5-NH_3 体系的热力学相图的局部放大

起始温度应低于理论起始温度。根据热力学分析，这也证实了可以在低温下 NH_3 可以还原 Fe_2O_3。然而氮化铁（Fe_6N_2）的分解吉布斯自由能变化可以表示为反应式（7-9）。根据其分解吉布斯自由能变化，可以计算得到，在标准状况下，其标准分解吉布斯自由能变化始终小于 0，即分解反应从热力学角度来看是可行的。

$$\Delta G = \Delta G^{\ominus} + 0.5RT\ln\left(\frac{p_{N_2}}{p^{\ominus}}\right)$$

$$= 3911.7 - 48.52T + 0.5RT\ln\left(\frac{p_{N_2}}{p^{\ominus}}\right) \quad (7\text{-}9)$$

7.3.2　反应机理

根据上述实验结果和热力学分析，可以通过图 7-9 所示的示意图描述制备高品质 FeV55N 合金的 NH_3 还原氮化机理。

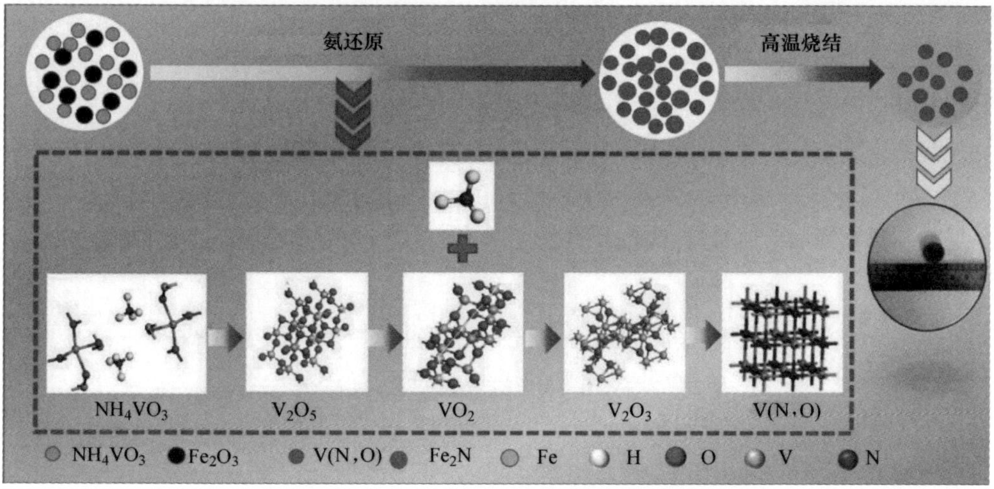

图 7-9　NH_3 还原氮化法制备 FeV55N 合金的机理图

扫一扫
查看彩图

在低温下，NH_4VO_3 最初分解为 V_2O_5，并在 NH_3 的还原气氛下，进一步降低至低价态的钒氧化物，比如 VO_2 和 V_2O_3。由于反应时间长，很难在最终的复合粉末中检测到 V_2O_5 和 VO_2。进一步升温后，开始发生 V_2O_3 的还原和氮化。在此过程中，来自 NH_3 分解的 H 原子扩散到 V_2O_3 颗粒的表面，大部分氢原子与 V_2O_3 晶格中 O 原子反应产生 H_2O。同时，来自 NH_3 分解的 N 原子进入晶格并占据原先 O 原子的位置。然而由于存在固溶现象，一些 O 原子无法完全与裂解出的 H 原子结合，最终保留在晶格位置。通过常规方法去除晶格内所有 O 原子是非常困难的，但是使用该方法可以将 FeV55N 合金的 O 含量降低至 0.56%。整个反应过程中的相变按以下顺序发生 $NH_4VO_3 \rightarrow V_2O_5 \rightarrow VO_2 \rightarrow V_2O_3 \rightarrow V(N,O)$。此外，在 NH_3 还原氮化反应中，Fe_2O_3 可以被还原并氮化成 Fe_2N。在第二段的粉末烧结制备过程中，制备的复合粉末中 Fe_2N 在 1823 K 高温下极不稳定，被分解成单质 Fe。随着时间的延长，单质 Fe 转变成具有一定流动性的液相，紧密围绕固体相 VN，最终形成高密度的 FeV55N 合金。

参考文献

[1] Grishchenko S G, Matvienko V A, Sarankin V A. Development and introduction of the production of nitrided ferrovanadium at zaporozhe ferroalloy plant [J]. Stal, 1982, 7: 42-44.

[2] Franke H, Breuer F, Fuchs A. Nitrogen-bearing sintered products and melted alloys [J]. Neue Hutte, 1966, 11 (10): 604-606.

[3] 孙国会，梁连科．国内外氮化钒铁及氮化钒制备情况简介 [J]. 铁合金，2000 (1): 44-47.

[4] 穆宏波，周宗权．氮化钒铁的研制 [J]. 钢铁钒钛，1996 (3): 51-55.

[5] 张明远，杜勇，杨治立．钒铁氮化的方法研究 [J]. 中国稀土学报，2012: 728-733.

[6] Krastev D. Nitriding of ferroalloys [C]. VIth International Metallurgical Congress, Ohrid, 2014.

[7] Zharnitskii M D. Thermodynamic analysis of the plasma nitriding of ferrovanadium [J]. Izvestiya Vysshikh Uchebnykh Zavedenii, Chernaya Metallurgiya, 1983, 5: 39-42.

[8] Wada H, Gunji K, Wada T. Solubility of nitrogen in molten Fe-V alloy [J]. Transactions of the Iron and Steel Institute of Japan, 1969, 9 (5): 339-403.

[9] Pomarin Y M, Grigorenko G M, Lakomskiy V I. Solubility of nitrogen in liquid-iron alloys with vanadium or niobium [J]. Russian Metallurgy, 1975, 5: 61-65.

[10] Nemchenko V P, Pigasov S E, Popel S I. Nitriding of liquid ferroalloys in ladles with a porous base [J]. Stal., 1976, 10: 37-39.

[11] Nemchenko V P, Pigasov S E, Popel S I, et al. Nitriding of molten ferroalloys in ladies with porous bottom [J]. Stal., 1982, 7: 37-39.

[12] Liu W, Dong K, Zhu R. Preparation of nitrogenous ferrovanadium by gaseous nitriding in the liquid phase ferrovanadium [C]. 5th International Symposium on High-Temperature Metallurgical Processing, 2014: 185-192.

[13] Ziatdinov M K, Shatokhin I M. Self-propagating high-temperature synthesis of ferrovanadium

nitride for use in smelting high-strength low-alloy steels [J]. Steel in Translation, 2009, 39 (11): 1005-1011.

[14] 王声宏，刘克忠，晋心翠，等．采用自蔓延高温合成方法生产氮化钒铁的方法 [P]. CN: 101824556A, 2010.

[15] 王声宏，张英才，孔祥玖，等．一种燃烧合成制备50氮化钒铁的生产方法 [P]. CN: 1873036, 2006.

[16] 王声宏，隋玉俭，张英才，等．一种燃烧合成制备含氮80钒铁的生产方法 [P]. CN: 1598019, 2005.

[17] 赵小平，王永钢，任俊．自蔓延燃烧法制取氮化钒铁方法研究 [J]. 铁合金，2017 (3): 22-26.

[18] Braverman B S, Maksimov Y M, Tsybul'nik Y V. Possibility of nitriding industrial ferroalloys in a nitrogen-containing gas flow [J]. Combustion, Explosion, and Shock Waves, 2012, 48 (6): 734-735.

[19] Zhao Z, Liu Y, Cao H, et al. Synthesis of VN nanopowders by thermal nitridation of the precursor and their characterization [J]. Journal of Alloys and Compounds, 2008, 464 (1/2): 75-80.

[20] Tripathy P K, Sehra J C, Kulkarni A V. On the carbonitrothermic reduction of vanadium pentoxide [J]. Journal of Materials Chemistry, 2001, 11 (2): 691-695.

[21] Zhao Z, Liu Y, Cao H, et al. Synthesis of vanadium carbide nanopowders by thermal processing and their characterization [J]. Powder Technology, 2008, 181 (1): 31-35.

[22] Kapoor R, Oyama S T. Synthesis of high surface area vanadium nitride [J]. Journal of Solid State Chemistry, 1992, 99 (2): 303-312.

[23] Jing W, Yisan W. In-situ production of Fe-TiC composite [J]. Materials Letters, 2007, 61 (22): 4393-4395.

[24] Kim D H, Paek M K, Kim T J, et al. Carbon solubility in liquid iron containing V, Mo and Ni [J]. Materials Transactions, 2014, 55 (3): 610-615.